浙江省普通高校“十三五”新形态教材

语言学与中小学英语教学系列教程 | 总主编 柴改英 赵 伐

语料库与中小学英语教学

张春青 郁伟伟 苏殷旦 龙 芸 编著

ZHEJIANG UNIVERSITY PRESS
浙江大学出版社
·杭州·

图书在版编目（CIP）数据

语料库与中小学英语教学 / 张春青等编著. -- 杭州: 浙江大学出版社, 2022.10

语言学与中小学英语教学系列教程 / 柴改英, 赵伐总主编

ISBN 978-7-308-23147-3

Ⅰ. ①语… Ⅱ. ①张… Ⅲ. ①语料库—应用—中小学—英语课—教学研究—高等学校—教材 Ⅳ. ①G633.412

中国版本图书馆CIP数据核字(2022)第189843号

语料库与中小学英语教学

张春青　郁伟伟　苏殷旦　龙　芸　编著

策划编辑　黄静芬
责任编辑　黄静芬
文字编辑　黄　墨
责任校对　仝　林
封面设计　周　灵
出版发行　浙江大学出版社
（杭州市天目山路148号　　邮政编码　310007）
（网址：http://www.zjupress.com）
排　　版　杭州林智广告有限公司
印　　刷　浙江新华数码印务有限公司
开　　本　787mm×1092mm　1/16
印　　张　10
字　　数　180千
版 印 次　2022年10月第1版　2022年10月第1次印刷
书　　号　ISBN 978-7-308-23147-3
定　　价　58.00元

“语言学与中小学英语教学系列教程”总序

大凡在读的和已毕业的英语师范专业学生，对语言学课程都有这样的感受：学时枯燥、用时嫌少。面对晦涩的术语、抽象的理论，在读学子们体会到的多半是纸上谈兵、学无所用的迷茫；而对走出校门、在中小学教学一线摸爬滚打的教师而言，面对形形色色、真真切切的教学问题，他们却囿于问题表象，体会到的是对语言学理论的无力感。

此岸和彼岸的横堑，呼唤一座桥梁。

本系列教程正是面向英语师范专业高年级本科生和广大中小学英语教师，在语言学理论和中小学教学实践之间搭建桥梁的一次尝试；采用基于问题的研究模式，把抽象理论“活化”为解决中小学英语教学问题的“关键一招”。编写团队由大、中、小学教师组成，围绕新课标背景下学生外语核心素养培养过程中出现的典型问题，研讨针对问题的解决方案并提出理论依据，提供解决相关问题的优秀课例和同行评价，围绕问题和理论依据编写练习，推荐相关优秀研究论文并设计拓展性研究题目，以提升学习者的学术研究能力，扩展其语言知识体系。

本系列教程具有如下特点：

第一，回应教育关切，体现时代要求。外语核心素养培养需要能将理论和实践紧密结合的卓越教师，新文科建设要求融合外国语言文学学科理论和教育学科的教学论方法，这是本系列教程以“语言学与中小学英语教学系列教程”为题的初衷。

第二，以问题为导向，提供系统方案。针对中小学英语教学中的实际问题，依据理论，提出系统的解决方案，帮助学习者建立解决问题的整体思维观和语言学的系统方法论。

第三，以能力为核心，提高核心素养。本系列教程不仅为中小学教学问题提供解决方案，更着重培养读者运用理论解决问题的能力。每单元最后两个环节都是能力拓展训练以及研究能力培养：以理论的实践运用为起点，落脚到理论能力的提升。本教程针对新课标和“文化意识”等的特别要求，专门设计了《语言学与中小学英语拓展课程设计》分册，拓展中国文化与世界文明互鉴的视野，培养学生的家国情怀。

第四，多元主体合作，发挥共同体力量。一是大学教师与中小学教师合作，实现语言理论和教学实践的对接，加强教材的针对性；二是语言学研究者与学科教学论专家合作编写，实现语言理论和教学设计的对接；三是中小学教师培训专家和教研员的加入，使教材具有职前职后一体化发展的衔接。

第五，搭建多重桥梁，促进多方面发展。教材以中小学英语教学问题为牵引，将语言学理论和中小学优质教学设计对接：一方面，将师范生提前带入教学场景，在“双导师”的指导下，夯实语言和语言学理论“双基础”，发展教学和教学研究“双能力”；另一方面，将中小学英语教师带入理论场域，通过对教学问题和语言理论的“反向探究”，实现教学能力和研究能力“双提升”。教材搭建了语言学理论研究和实践运用的桥梁，搭建了师范生语言学理论学习和师范技能提升的桥梁，搭建了师范生培养和中小学教师学术发展的桥梁。

第六，材料形态多样，兼具理论严肃性和教材可读性。本系列教程每册均设置7—8个单元，每个单元包括问题导入、解决方案、理论依据、优质课例示范和理论分析、能力拓展训练以及研究能力培养等模块。教材采取文字与视频结合的新形态，特别是根据相关理论提供一线教学视频与课例分析视频内容，让学习更加直观、有效。

“语言学与中小学英语教学系列教程”由《语言学与中小学英语文本解读》《文体学与中小学英语教学》《语料库与中小学英语教学》《语言学与中小学英语教学设计》《语言学与中小学英语拓展课程设计》等分册组成。

本系列教程是兼顾英语师范生和中小学英语教师两个学习主体、语言学理论素养和中小学英语教学能力提升两个目标、语言媒介和数字资源两种形态，由大学教师、中小学优秀教师和教研员组成的具有教研共同体优势的一次新的尝试。在编写过程中，编写组得到了很多语言学研究专家和知名中小学教学专家的悉心指导和大力支持，大批中小学教学新秀参与了教材课例的编写和录制工作，一批研究生和本科生参与了教材的校对和试用，浙江大学出版社的编辑们为教材的出版付出了巨大的努力，在此一并表示感谢！

本系列教程是浙江外国语学院省级一流学科外国语言文学、国家一流本科专业建设点“英语”专业和国家一流本科专业建设点“小学教育”专业的建设成果，并受到相关资助，在此表示感谢。

由于编者的时间和水平有限，书中难免存在疏漏和谬误之处，敬请读者和同行赐教。

编写组

2022 年 8 月

编者的话

熟练掌握运用语料库辅助英语教学的技术，是对中小学英语教师信息化素养的迫切要求。教师要具备利用数字信息和资源设计教育教学活动的能力，并以此来解决教学难题。在这一过程中，教师要培养这样的意识、能力和责任感，以提高教学质量、促进自身发展。作为“语言学与中小学英语教学系列教程”的分册,《语料库与中小学英语教学》有其特殊之处。技术性是本书最大的特征。提到学习和使用语料库辅助英语教学，一些读者首先想到的可能是要在语料库中使用非常难以理解的正则表达式，来查询词汇和语法结构的用法。这使得一部分师范生或教师对语料库辅助英语教学的学习望而却步。因此，绝大部分教师尚未掌握语料库辅助中小学英语教学的技能，也很少看到过语料库在公开课上和日常教学中的使用。但时代在变化，当代的英语师范生和大部分年轻教师具备学习语料库技术的条件，他们是互联网的原住民，擅长学习一些软件或APP等的操作，对于他们来说，学习语料库辅助英语教学的技术壁垒并不存在，这在我们为师范生上课的过程中得到了验证。

语料库的使用还具有一定的隐蔽性。无论是在公开课上，还是在教师的日常教学中，我们似乎都看不到语料库的使用，使用语料库辅助英语教学好像也是可有可无的选项。事实上，语料库在教学中的运用包括显性的应用和隐性的应用两种方式。我们使用的教材在编写过程中，大量使用了语料库技术，例如，从语料库中搜索含有相关语法项目的句子来编制练习；运用语料库工具制作词表，以此来检查词汇在不同分册中的重复情况，帮助学习者在各个分册实现词汇或语法项目的循环，促进学习者的掌握；运用语料库来辅助材料的编写，探查其用法的准确性和恰当性。

近年来，语料库辅助中小学英语教学备受关注，并得到了一定的普及。语料库检索软件和网络语料库为广大英语教师所熟知和运用，教师使用诸如AntConc和WordSmith等语料库检索软件，利用它们来制作词表、探索词语搭配、寻找主题词等。教师也使用SKELL和COCA等网络语料库，以此来辅助词汇和语法教学，例如，对比近义词的用法、查找搭配、发现词语在不同文体中的使用频率等。同时，各大出版社纷纷推出一些关于语料库辅助教学的图书。此外，越来越多的师范院校增设了语料库辅助英语教学课程。

那么，使用语料库辅助中小学英语教学有哪些优势呢？

首先，语料库最大的优势在于，我们能使用索引行（concordance，其详细概念和具体操作见本书第三单元），透过语料库大数据，发现语言隐性的意义和使用规律。对于中国人来说，英语是一门外语，语言学习的环境远远不如学习第二语言的环境所具有的资源，所以很多词汇和语法结构的学习，很难通过足够的语言输入和输出来自然习得，必须通过有意识的对比和练习来实现。以leave sb. *adj.*和keep sb. *adj.*两个常用短语为例，在我们看来，这两个短语都表达“使某人保持某种状态”的意义，没有什么差异，但是，通过对比两个短语后面搭配的形容词发现，leave后面的形容词含有“不足”“缺乏”或“不完整”的语义倾向，而keep后面的形容词表现人的“身体”或“精神”或其他事物所处的状态的意义倾向。leave sb. *adj.*呈现出消极的语义韵，而keep sb. *adj.*则呈现出积极或中性的语义韵（详见本书第三单元）。语法结构也是如此。以as...as为例，通过分析语料库的例句，我们发现as...as结构有许多超乎常识的意义。as well as有一般意义的“和……一样好”，也有习语意义，表示“in addition to”；as *adj./adv.* as结构首先表示对比，如as large as，但是在as soon as possible中，该结构只起到加强语气的作用。在as...as结构之前经常出现的词语包括almost和about等，而about as...as结构经常表达反讽的意义（详见本书第四单元）。

其次，语料库辅助英语教学既能在微观上帮助教师批量搜索出所需的词语、语法结构和例句，也能从宏观上化繁为简，提取词表和主题词。在教学中，教师有时候需要一定数量的例词和例句，但是教材和一般语法书难以提供。语料库可以提供海量例句，供教师选择、加工和使用。例如，在教授构词法时，教师想给学生展示以dis-开头的词语，但是无法提供足够的例词，通过搜索高中英语教材语料库后，找到了200多个例词（详见本书第二单元）。另外，如果教师想找which引导的限制性定语从句，可以在AntConc中搜索（?<!,\s）which，表示前面没有逗号和空格的which，然后可以得到大量的例句（详见第四单元）。这些来自高中英语教材语料库的例句难度适中，可以简单加工后给学生当作练习。语料库中的语例，一部分来自教材，是学生在学习中可以用到的语言；另一部分来自网络和纸媒的小说、报纸和刊物等，不是语言学家或教师造出的句子，更具有真实性。除了在微观层面提供语言资源，语料库还可以帮

助教师和学生化繁为简，从几百词的文章到几十亿词的语料库，都可以做出词表；对于语篇，还可以提取主题词，帮助读者迅速抓住语篇要旨。

再次，使用语料库辅助英语教学可以帮助学习者提升语言意识。“意识提升”指帮助学习者意识到或了解所学语言的特点。这是认知学习理论的术语，该理论认为，有意识的心理操作在学习中起着核心作用，学习者要想让某些语法特征成为被吸收的语言（intake），第一需要注意到输入（input）的特征。例如，学习者需要注意规则动词的过去式词尾通常是-ed，才能更好地掌握动词过去式。传统上，教师通过呈现帮助学习者注意到这些特征。第二，呈现是PPP教学模式中的一环，模型强调学习者的即时输出。然而，有证据表明，学习者最需要注意输入，而不是即时输出。教师促进意识提升的方法包括使例句中的某些语法特征更加突出、要求学习者从实例中推断规则（归纳学习）、要求学习者在学习中将自己的输出与高水平学习者的输出进行比较等。意识提升理论强调了归纳学习的重要性，并提出了强化例句语法特征的观点。在索引行中，与以往的教学语例呈现方式不同的是，它呈聚焦性排列，即以检索项居中，同时呈现其两边局部范围内的语境，通过批量观察这些局部语境，可以发现检索词项在该语料中的使用特征，从而提升学生的语言意识。

基于以上对语料库辅助中小学英语教学的认识，我们编写了《语料库与中小学英语教学》。本书的编写团队在编写之前，经历了两次相关经验的积累。第一次是参与华南师范大学何安平教授主持的全国教育科学“十三五”规划2017年度重点课题“基于语料库智能学习平台的读写能力培养研究——以英语学科为例”。通过这个课题，团队基本了解了语料库辅助中小学英语教学的实施路线。第二次是本教材的编写过程。团队在《中小学外语教学》《中小学英语教学与研究》和《语料库语言学》等刊物上发表了十几篇相关文章。在编写期间，我们积极参加各类培训，例如外语教学与研究出版社举办的语料库系列讲座。另外，我们为中小学教师提供了多次语料库培训，本书的第一作者还在浙江外国语学院师范专业中开设了“语料库辅助中小学英语教学”选修课。

参与本书编写和审读的有张春青和郁伟伟（浙江外国语学院）、苏殷旦（杭州师范大学附属中学）、龙芸（华南师范大学附属中学）。龙芸、苏殷旦、应机巧（杭州学军中学）、王璐（富阳中学）、蒋巧玲（富阳中学）和程玲（余杭中学）提供了教学课例和视频。另外，华南师范大学何安平教授随时解答我们提出的问题，广州协和中学的陈运良老师无私提供了在他领导下研发的多个教材语料库，在此谨致谢忱！

目　录

第一单元

语料库辅助外语教学的基本理论①

一、什么是语料库？

一般来说，语料库是一个由大批量真实使用的语言信息汇集而成、用计算机存储和提取并用于语言调查和分析的巨型语言资源库，已成为不可或缺的语言研究及语言教学的资源和手段（何安平，2017：6）。这个定义突出了语料库大批量、真实、由计算机存储和提取、用于语言研究和语言教学等特征，以下定义可以帮助我们进一步了解语料库的特征：

(1) A corpus is a large and principled collection of natural texts. (Biber, Conrad & Reppen, 1998: 12)

(2) A corpus is a collection of pieces of language text in electronic form, selected according to external criteria to represent, as far as possible, a language or language variety as a source of data for linguistic research. (Sinclair, 2005: 1)

(3) Computer corpora are rarely haphazard collections of textual material: They are generally assembled with particular purposes in mind, and are often assembled to be (informally speaking) representative of some language or text type. (Leech, 1992: 106)

(4) A corpus is a collection of: 1) machine readable 2) authentic texts (including transcripts of spoken data) which is 3) sampled to be 4) representative of a particular language or language variety. (McEnery, Xiao & Tono, 2006: 5)

(5) Corpora may encode language produced in any mode, for example, there are corpora of spoken language and there are corpora of written language. In addition, some video corpora record paralinguistic features such as gesture and corpora of sign language have been constructed. (McEnery & Hardie, 2012: 3)

① 本单元大部分内容来自：张春青．语料库辅助英语教学：原理、模式与实践．教学月刊·中学版，2021(4)：3-7. 该文后被中国人民大学复印报刊资料《中学外语教与学》2021 年第 8 期全文转载。

(6) A corpus is a collection of spoken or written texts to be used for linguistic analysis and based on a specific set of design criteria influenced by its purpose and scope. (Weisser, 2016: 13)

(7) A corpus can be briefly defined as a systematically designed electronic collection of naturally occurring texts [...] Researchers compile corpora and search for existing constructs of written or speech patterns identified as relevant and measurable. A corpus provides the opportunity to measure tendencies and distributions across registers (and genres) of language. (Friginal, 2018: 12)

从以上定义中，我们还可以看到语料库的其他特征，例如按照一定的原则、标准和目的进行提取，运用抽样方法，按照语域和体裁分类，具有代表性，等等。然而，我们经常见到为教学和研究而专门建设的语料库，其中的语料虽不具备自然性，但能够满足教学和研究需要。另外，教师经常在教学中基于需求，自建小型语料库，虽然规模较小，但是能满足教师个人教学需求。由此可见，语料库并不需要满足定义中的全部特征。

语料库辅助语言教学是语料库的重要应用属性之一，其促学效果已被研究证实。质性研究发现，在语料库辅助语言教学中，学生可以接触真实语料，通过主动分析发现语言规律，培养学习策略和技能，提高自主学习能力。量化分析发现，语料库辅助语言教学能够显著提升学习效率，在搭配质量、词汇深度、词汇记忆、自我纠错能力和特定文体的语言特征运用能力等方面提升效果明显。

二、教师的语料库素养

语料库素养是数字化素养的一部分。数字化素养指的是教师适当利用数字技术，获取、加工、使用、管理和评价数字信息和资源，发现、分析和解决教育教学问题，优化、创新和变革教育教学活动而具有的意识、能力和责任。在这个定义中，有三个重要宾语：数字信息和资源、教育教学问题、教育教学活动。简而言之，教师要做的就是发现教育教学问题，利用数字信息和资源，设计教育教学活动。如果教师具备这样的意识、能力和责任，那就可以说这位教师具备数字化素养。另外，数字素养框架中，除了数字化意识、能力和责任之外，还包括专业发展。下面我们以数字化素养的定义为基础，来看语料库语言学领域对教师语料库素养的定义。

Mukherjee（2006）提出，语料库素养指的是教师理解和运用语料库、分析语料和推断语言使用规律的能力，包括以下四种技能：理解语料库概念；知道能用语料库做成（或做不成）哪些事情；会做索引行分析；能从语言数据中推断出语言使用的趋势。

Heather和Helt（2012）认为，语料库素养是教师运用语料库工具来发现语言特征、促进学习者的语言习得和语言发展的能力。教师的语料库素养包括以下五个方面：知道在语料库的辅助下能做什么或不能做什么；知道如何分析索引行；知道在教学中如何选择索引行；理解基本的频数信息；能够使用语料库的检索结果做教学材料。

Callies（2019）提出了语料库素养框架：第一，理解基础的语料库语言学概念，包括语料库概念，现有的语料库种类、使用方法，语料库能做的和不能做的；第二，学会语料库软件操作及搜索方法和分析方法；第三，解释语料数据，即如何从语料库中推断语言使用和语言变化的一般趋势；第四，使用语料库搜索结果制作教学素材、设计教学活动。

Nina（2020）将语料库素养视为"数字素养"的构成部分之一，将它与"互联网在线能力"一同纳入信息时代的"现代多维素养"，称之为"能够进行自主语言学习"的素养。

以上定义除了强调语料库操作能力之外，还涉及社会责任问题，体现为"知道能用语料库做成（或做不成）哪些事情"这一技能，在《教师数字素养》的框架中属于"合理使用数字产品和服务"维度。Heather和Helt（2012）、Callies（2019）还将其引入制作教学材料这一维度，Callies（2019）提出了能用语料进行教学设计的能力。以上定义都没有将"专业发展"维度包含在内。在《教师数字素养》框架中，"专业发展"维度指的是教师利用数字技术资源促进自身及共同体专业发展的能力，包括数字化学习与研修，以及数字化教学研究与创新。从定义中可以看出，专业发展是数字化素养的重要一环，这也是本书的主要目的之一。

以上是近年来语料库学者在语料库素养方面的理论建构。本书除了介绍语料库基本概念、语料库搜索软件及搜索方法和分析方法、语料库辅助语言知识和语言技能教学方法，以及语料库教学材料制作和教学活动设计之外，还根据教师的实际需求，介绍了小型语料库的建设方法和课例。

三、语料库辅助的英语教学和二语习得

应用语言学家总结了课堂二语习得（instructed second language acquisition, ISLA）的主要理论及其在计算机和语料库辅助语言教学中的实现路径（Chapelle, 1998; Friginal, 2018），具体内容如下。

第一，教师要想让输入促进学生的习得，必须把输入的目标语言特征凸显出来，并设法让学生"注意到"（notice）这些特征。在语言形式由"不被了解"向"被了解"的转化过程中，"输入"（input）发挥着重大作用。在语料库辅助英语教学中，词汇句法特征通过频数、语境、索引行和可视化的数据凸显出来。其中，索引行是语料库教学语例最典型的呈现形式，呈聚焦性排列，检索项居中，同时呈现其两边局部范围语境，通过批量观察这些局部语境可以发现检索项在该语料中的使用特征。

第二，教师应该帮助学生理解语言输入的语义和句法。研究表明，只有学生能够加工的语言输入才能真正促进学生的二语习得，而供学生使用的语言材料中经常包含其不了解的词语和句法结构。教师要采用各种方式，包括简化知识和深入讲解等，帮助学生理解文本意义和句法结构。在语料库辅助英语教学中，教师可以通过提取搭配（collocation）、典型型式搭配（pattern）、意义解释（interpretation）等途径来促进师生双方在词汇、语法和意义上的互动。例如，当学生对prohibit sb. from doing结构理解困难时，教师可以利用AntConc在SET-RJB语料库①键入"* * from *ing"②，让学生观察、猜测、探究和总结相关结果，搜索结果如图 1-1 所示。另外，SKELL（Sketch Engine for Language Learning）语料库也可为学习者提供一系列的词汇信息，包括词汇搭配、同义词和近义词等，为学习者获得可理解的语言输入提供了条件。

第三，学习者需要获得输出目标语言的机会。在输出过程中，学习者运用目标语言表达意义，其语言资源也随之得到拓展。在语料库辅助写作教学中，为了给基于语料库的教学提供补充，教师需要设计输出活动。例如，在议论文写作中，学生需要通过观察模棱语（hedges），如approximately、roughly等，来学习识别和运用立场标记词；还需要学习增强语（boosters），如completely、considerably等，在观察其频率和型式后得出结论，然后由教师设计任务，帮助学生将这些词汇运用到写作中。这样一来，学生就获得了从词汇、句法和语篇层面组织输出内容的机会。

① SET是高中英语教材（Senior High English Texts）的简称，RJB是人教版的简称。SET-RJB语料库指人教版高中英语教材语料库。

② "*"是AntConc中的通配符，代表零个或多个字符。

图 1-1 搜索"* * from *ing"后整理的结果

第四，学习者需要注意到输出中的错误。注意到语言问题以后，学习者会修改输出，从而进入句法加工过程，此过程有助于学习者内化新的语言形式，提高语法使用准确度。负面反馈（negative feedback）可能发生在学习者自我反思和监控的过程中，也可能由他人引发。例如，在由语料库辅助的作文批改中，学生的作文出现了常见的语法错误，如主谓不一致、时态错误等，通过改正错误、使用新的语言结构，学生的语言能力可以得到相应的提高。

第五，教师可以通过设计互动活动，促进学习者之间的意义协商（negotiation of meaning）。在交流中，遇到理解障碍或说话词不达意等情况时，学习者可以通过意义协商解决问题。在协商过程中，学习者通过使用不同的表达方式，让语言更加易懂，让交流得以保持，这一过程能够促进双方的语言习得。在语料库辅助英语教学中，学生在观察和讨论索引行时产生的互动，为自己提供了讨论语法形式和功能的机会。另外，教师可以设计活动，帮助学生理解、评价和使用恰当的词汇和合理的语法形式。例如，教师可以给学生提供suddenly和abruptly的索引行，让学生区分其使用语境，并判断使用的正误。

四、语料库辅助的语言教学机制

语料库辅助英语教学的个人学习模式包含四个步骤：形成问题、设计搜索策略、观察和选择相关例句、得出结论（Nesi, 2013）。语料库辅助的语法课堂教学的步骤包括“观察→发现→探究→归纳→运用”（马晓蕾，2009），但是对于实际教学来说又有所不同，教师要经历课前、课中和课后三个阶段。

（一）课前阶段

语料库辅助英语教学的课前阶段可由教师单独或师生配合完成，其过程大致包含以下步骤：（1）发现和形成问题。选择使用语料库可能是问题驱动的结果，例如，教师发现学生在表达“导致，引起”之意时混用cause和lead to；也可能是效能驱动的结果，例如，使用语料库辅助某单元的阅读教学能产生更好的教学效果。（2）设计搜索路径和策略。第一是选择语料库。教师可根据实际情况，选择美国当代英语语料库（Corpus of Comtemporary American English，COCA）和英国国家语料库（British National Corpus，BNC）等网上语料库，还可以使用专门的教材语料库或自建语料库。第二是确定搜索方法。例如，在对比词汇差异时，COCA和自建语料库的搜索方法不同，后者需要使用AntConc进行搜索。（3）观察和选择相关例句。在搜索到目标语料后，师生需要观察并选择例句，选择的原则包括：内容符合社会主义核心价值观；是高频词或在某方面有用的词汇，例如学术词汇；符合学生认知水平和语言水平（李明子，2010）。（4）确定材料的呈现方法。如果材料无须加工，为了简便，师生可以直接联网或截屏展示。但是在大多数情形下，材料需要在选择和加工后再呈现于PPT上，或者打印成纸质材料。纸质材料更有利于师生展开细致的观察和分析，还便于分组讨论。另外，教师还需要选择部分材料作为练习题来源，供学生巩固学习成果。

（二）课中和课后阶段

课中阶段的教学由教师和学生共同完成，包括以下步骤：（1）形成问题。课堂引入阶段，教师可以指出学生语言运用中的词汇、语法错误，或者在阅读前提出问题，让学生产生兴趣，形成期待。（2）教师呈现语料库素材或词汇表等材料，供学生观察、分析和讨论。如果教师既要学生关注形式，又要学生注意意义，这个阶段可能还包括对频率、搭配、关键词、构式、语义韵、词表和语境等维度的分析，需要经历几个轮次的语料库材料分析才能结束。如果教师在课前给学生安排了查询任务，还可以在这个环节中让学生展示和分析查询结果，其效果更佳。（3）得出结论。这个阶段一般通过学生单独回答或小组汇报等形式，经过教师点评和师生讨论后达成一致意见。（4）练习和应用。如果课上有时间，教师可以让学生应用观察结果，通过句子填空、改错或翻译等形式练习使用相应的语法和词汇。如果学生可以上网，教师可以让学生制作词汇表，或参考不同的语料库制作关键词表。教师也可以安排学生课后完成搜索活动，抄写例句，并组织分享交流会等活动。

五、语料库和语言技能教学的结合

语料库辅助英语教学有两个关键要素：一是教师对于英语关键知识和技能的理解和把握；二是教师对语料库技术的熟练运用。两者完美结合，才能使教学获得预期效果。笔者从英语知识技能和语料库技术两个角度，分析了经典教材（何安平，2017）、权威案例集（何安平、许家金、张春青，2020）和近年来我国期刊发表的语料库辅助英语教学的论文。总体来看，常用的语料库为各类自建教材语料库、COCA、英国本族语语料库（The Freiburg-LOB Corpus of British English，FLOB）、BNC等，检索工具主要是AntConc。

在词汇方面，教师可以利用语料库对词汇搭配进行详细描写和语义探究，在课堂上进行词汇搭配、构词法、同形异义词、单词意义、近义词对比等板块的教学。例如，胡兵（2012）使用BNC得到了shortcoming及其近义词的频数，得出了fault更为常用的结论；通过索引行中的搭配展示了generous的用法；还以cast为例展示了词汇练习题的编制。王裕森（2018）展示了语料库辅助学术英语词汇输入和输出教学的操作，还以“繁荣”为例，展示了语料库辅助翻译的具体操作过程。刘芹和可庆宝（2020）展示了学术英语词汇教学的实例，他们让学生分析索引行中词汇的词性、意义、搭配和使用情况，设计的问题具有启发性。

在语法方面，借助教材语料库和一些国外的语料库可以帮助学生避免易错语法结构，掌握例如过去分词、there be句型、独立主格、时态、情态动词和定语从句等方面的用法。邓耀臣（2014）遵照复习语法知识、呈现语法问题、探索语料库实例和总结汇报四个步骤，研究了语料库在教学中的应用。第二个步骤很有借鉴意义，他提出“表达式a good knowledge of Spanish中的不定冠词a是否可以去掉”这一问题来引导学生进行探究。何安平、许家金和张春青（2020）探究了并列过去分词在读后续写中的运用，使用COCA中的例句，在观察、探究、分析和初步应用该结构后，向学生展示了该结构在各个体裁中的使用情况，最后安排了巩固练习。

在阅读方面，语料库可以辅助学生完成以下五种活动：猜测文章中的生词含义；利用词汇表进行速读；利用关键词表做深层阅读练习；使用多词序列分析文体特征；分析语料难度。罗志高（2015）进行了基于网络语料库（Web as Corpus）的“外报外刊阅读”课程实践研究，他使用主题词频率进行了多维度共时阅读、历时阅读归纳分析、新闻词语义韵分析和网络新闻词语的历时分析等。何安平和陈文宜（2009）展示了如何使用教材语料库和AntConc来设计预读、预测、语境猜词和快速情节阅读等微型技能教学，每个操作都有详细的操作步骤和教学指引，具有很强的指导性。

在写作方面，语料库的作用主要体现在构思、撰写和修改三个方面。郑晓色（2014）建立了travel主题教材语料库，让学生进行阅读检索，提取相关表达，为写作构思做好语言准备。陈碧梅（2014）利用教材语料库和FLOB教授课文中的语块，并分类建设学生作文语料库，供学生改错、模仿和学习。周韵（2013）介绍了如何利用COCA搜索主题相关词汇，来帮助学生构思、查找词汇用法和润色作文。教师还可以使用iWrite等作文自动评阅系统。这类系统以语料库为基础，为学生写作提供显示语法准确性和复杂性、词汇丰富性和复杂度等指标的较为详细的参数，还可以指出作文中的错误，供学生参考（张春青、陈科芳，2018）。

《义务教育课程方案和课程标准（2022年版）》（以下简称“新课标”）提出，教师要积极关注现代信息技术在英语教学领域中的发展和进步，努力营造数字化学习环境。语料库辅助英语教学经过20多年的发展，已然成为教学研究和实践中不可或缺的工具和资源。一线教师可以利用网上课程、图书和期刊文章等自学该技能。教师教育机构应该开设此类课程，做好职前教育；同时，在继续教育中，除教材内容和教育方法培训外，还应该加强语料库运用的培训，为新课标理念落地创造条件。

参考文献

陈碧梅. 语料库辅助词块教学在英语写作教学中的应用. 山东师范大学外国语学院学报（基础英语教育），2014(2)：14-21.

邓耀臣. 语料库辅助大学英语语法教学效果实证研究. 大学英语教学与研究，2014(3)：72-74.

何安平. 语料库辅助英语教学入门. 北京：外语教学与研究出版社，2017.

何安平，陈文宜. 语料库辅助的英语阅读活动设计. 英语教师，2009(7)：17-19.

何安平，许家金，张春青. 语料库辅助中学英语教学案例选编. 北京：外语教学与研究出版社，2020.

胡兵. 语料库辅助下的高中英语词汇教学实例探讨. 教学月刊（中学版），2012(9)：18-20.

刘芹，可庆宝. 数据驱动学习在学术英语词汇教学中的应用. 当代外语研究，2020(1)：58-67.

李明子. 基于语料库的发现式英语词汇教学. 英语教师，2010(8)：17-19.

罗志高. 基于Web语料库的“外报外刊阅读”课程实践研究. 外国语文研究，2015(4)：101-108.

马晓蕾. 从语料库的角度分析归纳法在语法教学中的应用. 英语教师，2009(7)：13-16.

王裕森. 学术英语词汇教学中的COCA语料库的应用研究. 英语教师，2018(24)：6-8，32.

张春青，陈科芳. 高考读后续写准确性、复杂性和连贯性分析. 基础教育外语教学研究，2018(4)：38-43.

郑晓色. 自建语料库辅助高中英语写作教学探究. 基础教育外语教学研究，2014(3)：16-21.

周韵. 基于美国当代英语语料库的自主写作模式研究. 英语教师，2013(7)：57-63.

Biber, D., Conrad, S. & Reppen, R. *Corpus Linguistics: Investigating Language Structure and Use*. Cambridge: Cambridge University Press, 1998.

Callies, M. Integrating corpus literacy into language teacher education. In Götz, S. & Mukherjee, J. (eds.). *Learner Corpora and Language Teaching*. Amsterdam: John Benjamins Publishing Company, 2019: 245-264.

Chapelle, C. Multimedia CALL: Lessons to be learned from research on instructed SLA. *Language Learning & Technology*, 1998, 2(1): 21-36.

Crashborn, O. Open access to sign language corpora. In Crashborn, O. A., Efthimiou, E. & Hanke, T. (eds.). *Proceedings of the 3rd Workshop on the Representation and Processing of Sign Languages: Construction and Exploitation of Sign Language Corpora*. Paris: European Language Resources Association, 2008: 33-38.

Friginal, E. *Corpus Linguistics for English Teachers: New Tools, Online Resources, and Classroom Activities*. New York: Routledge, 2018.

Friginal, E. & Mustafa, S. S. A comparison of U.S.-based and Iraqi English research article abstracts using corpora. *Journal of English for Academic Purposes*, 2017(25): 45-57.

Heather, J. & Helt, M. Evaluating corpus literacy training for pre-service language teachers: Six case studies. *Journal of Technology and Teacher Education*, 2012, 20(4): 415-440.

Johnston, T. & Schembri, A. Issues in the creation of a digital archive of a signed language. In Barwick, L. & Thieberger, N. (eds.). *Sustainable Data from Digital Fieldwork*. Sydney, NSW: University of Sydney Press, 2006: 7-16.

Knight, D., Evans, D., Carter, R., et al. Headtalk, handtalk, and the corpus: Towards a framework for multi-modal, multi-media corpus development. *Corpora*, 2009, 4(1): 1-32

Leech, G. Corpora and theories of linguistic performance. In Svartvik, J. (ed.). *Directions in Corpus Linguistics: Proceedings of the Nobel Symposium 82, Stockholm, August 1991*. Berlin: Mouton de Gruyter, 1992: 105-122.

McEnery, T. & Hardie, A. *Corpus Linguistics: Method, Theory and Practice*. Cambridge: Cambridge University Press, 2012.

McEnery, T., Xiao, R. & Tono, Y. *Corpus-Based Language Studies: An Advanced Resource Book*. New York: Routledge, 2006.

Mukherjee, J. Corpus linguistics and language pedagogy: The state of the art—and beyond. In Braun, S., Kohn, K. & Mukherjee, J. (eds.). *Corpus Technology and Language Pedagogy: New Resources, New Tools, New Methods*. Frankfurt am Main: Peter Lang, 2006: 5-24.

Nesi, H. ESP and corpus studies. In Paltridge, B. & Starfield, S. (eds.). *The Handbook of English for Specific Purposes*. Malden, MA: Wiley Blackwell, 2013: 239-246.

Nina, V. Corpus-informed pedagogy in a language course: Design, implementation, and evaluation. In Kruk, M. & Peterson, M. (eds). *New Technological Applications for Foreign and Second Language Learning and Teaching*. Hershey: IGI Global, 2020: 306-335.

Sinclair, J. Corpus and text—basic principles. In Wynne, M. (ed.). *Developing Linguistic*

Corpora: A Guide to Good Practice. Oxford: Oxbow Books, 2005: 1-16.

Weisser, M. *Practical Corpus Linguistics: An Introduction to Corpus-based Language Analysis*. Malden, MA: Wiley Blackwell, 2016.

第二单元

语料库检索工具的简介和应用

一、问题导入

本单元介绍语料库检索工具AntConc 3.5.8 和线上语料库COCA。AntConc在英语教学领域使用范围较广，操作较为简便。本单元介绍该软件时主要聚焦以下课例：

1. any是不是总用在疑问句或否定句中？

2. 如何检索高中英语教材中以dis-开头的词汇？

3. disaster出现在教材相应单元课文中的哪些地方？索引词出现的语境是什么？

4. 如何运用AntConc观察读后续写中的过去时态？

5. 如何批量检索，如completely、badly和deeply等加强词（amplifier）？

6. 在英语教材中，a和of之间会出现哪些名词，例如a bunch of和a bit of等？

7. 如何检索幽默儿童小说*The King's Jokes*中joke的词丛和N元词？

8. think后面经常搭配哪些介词？

9. 如何使用AntConc做文章词表，并提取文章主题词（keyword）？

10. 如何使用AntConc进行词形还原？

以上 10 个课例中，课例 1—6 属于基本检索技术，包括观察索引行（课例 1）、使用通配符（课例 2 和课例 4）、索引定位和文件查看（课例 3）、批量检索（课例 5）和语境检索（课例 6）；课例 7 属于词丛和N元词检索；课例 8 属于词汇搭配检索；课例 9 属于词表制作技能，包括一般词汇表和主题词表；课例 10 属于词形还原。

接下来，我们将以insist为例介绍COCA的使用。

二、AntConc 简介和应用

AntConc的开发者是日本早稻田大学教授，英国人劳伦斯·安东尼（Laurence Anthony）。该软件可以从安东尼的个人主页（http://www.laurenceanthony.net/）上免费下载，操作便利，只要双击可执行文件，即可在AntConc中将其打开，是当前使用较为普遍的文本分析工具。本书使用的版本为AntConc 3.5.8，打开软件后，界面如图 2-1 所示。功能菜单栏，从左至右，首先是文件（File），点击后可以将要分析的语料或语料库上传到AntConc之中；其次是整体设置（Global Settings），包含了语言编码（Character Encoding）、颜色（Colors）、文档类型（Files）、字体（Fonts）、标注（Tags）、形符定义（Token Definition）和通配符（Wildcards）等方面的设置，下文会有相应介绍；再次是工具预设（Tool Preferences），包含了索引（Concordance）、索引定位（Concordance Plot）、文件视图（File View）、词丛/N元模式（Clusters/N-Grams）、搭配（Collocates）、词表（Word List）和主题词表（Keyword List）；最后是帮助（Help）。

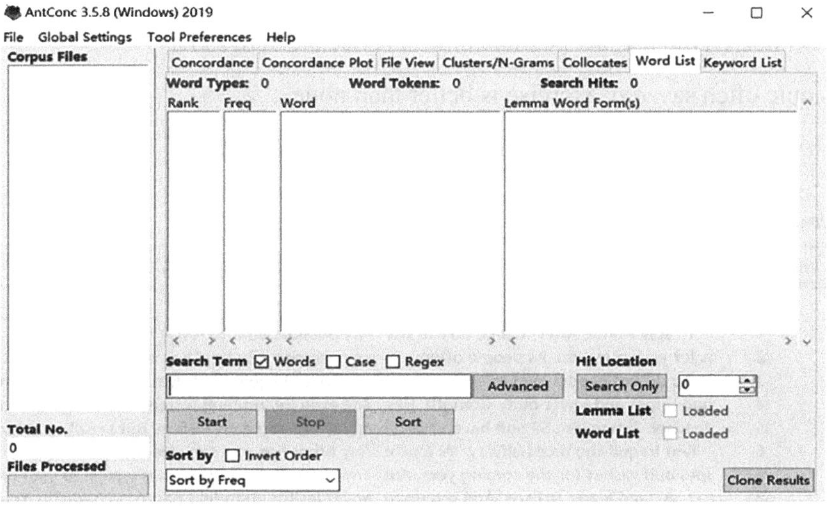

图 2-1　AntConc 3.5.8 界面

AntConc 3.5.8 的基本操作包括以下三个部分：（1）基本检索；（2）词丛、N元词表和搭配；（3）制作各类词表。为演示其基本操作，本单元共提供 10 个具体教学课例，教师可以举一反三，在教学中根据具体的使用场景灵活运用。

（一）基本检索

课例 1——观察索引行：any是不是总用在疑问句或否定句中？

在学习any的用法时，我们时常听到老师说，any经常用在疑问句和否定句中，但实际情况是这样吗？点击File，在下拉菜单中点击Open File(s)，载入 1_any.txt 文件[①]，

① 该文件为笔者自制，后续类似文件不再重复说明。

点击Concordance，在搜索框键入any，接着后将KWIC Sort的Level 1—Level 3 均设定为 0，这意味着any前后的词语随机排列，便于观察，不然某些疑问句会被集中在一起。然后点击Start。

学生可以从图 2-2 中观察到，在 17 个语例中，有 8 个句子中的any用在了疑问句和否定句中。例如：

I'm 52 and haven't done *any* sports regularly before.

I cannot expect you to believe me *any* more than the fishermen did.

Have you watched *any* interesting programmes recently?

但是，any在较多情况下表示“任一”的意思。例如：

After school, I try to use *any* possible time to revise the things I have ...

As people often say, *any* exercise is better than none, ...

Like *any* exercise, running increases the flow of blood and ...

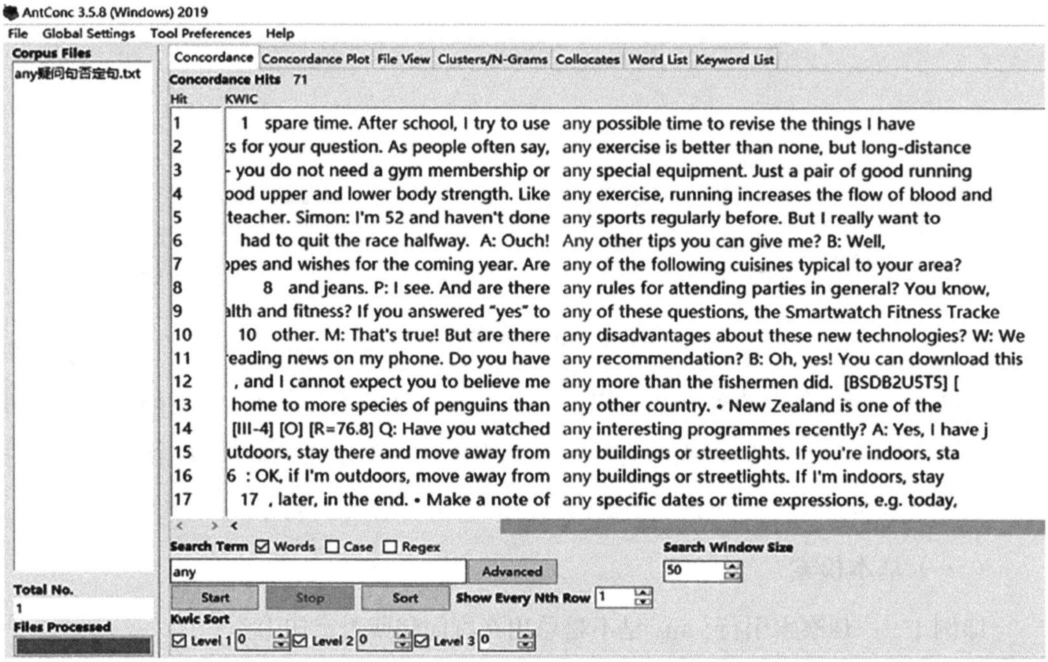

图 2-2　any 的索引行

课例 2——使用通配符：如何检索高中英语教材中以 dis-开头的词汇？

AntConc 中通配符的意义如表 2-1 所示。

表 2-1　AntConc 中通配符的意义

符号	意义	示例
*	零个或多个字符	dis*
		*ory
		act
+	零个或一个字符	act+
?	任何一个字符	?act
@	零个或一个单词	the @ act
#	任何一个单词	the # act
|	在搜索中表示“或者”	do|did|had|could

载入 2_dis-.txt 文件，文本来自《普通高中教科书　英语　选择性必修　第二册》，在搜索框中键入 dis*，将 Level 1—Level 3 都调成 0，这样搜索到的单词就能按照字母顺序排列，同时，相同的单词会聚集在一起。点击 Start，检索结果见图 2-3。

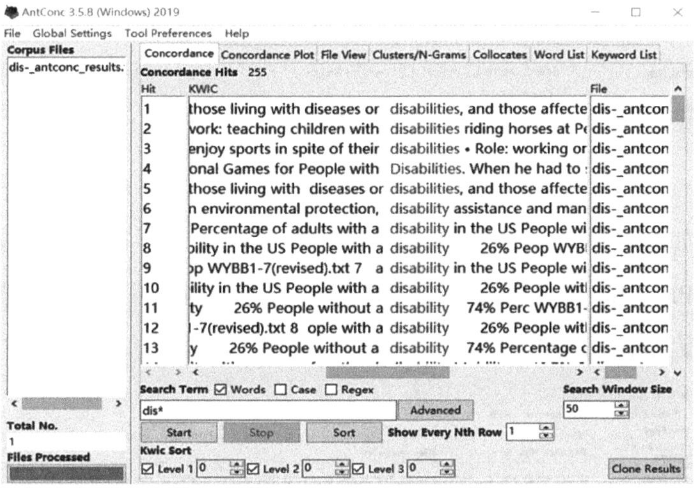

图 2-3　以 dis- 开头的词汇

检索结果显示，以 dis- 开头的单词包括 disability、disadvantage、disagreement、disappear、disappoint、disarm、disaster、discharge、discipline、discount、discover、discuss、disease、disgust、dish、dishearten、dislike、dismissed、disorder、display、disposition、disqualified、distance 等。此时，教师还可以安排学生讨论 dis- 在哪些词中是否定前缀，在哪些中不是。

课例 3——索引定位和文件查看：disaster 出现在教材相应单元课文中的哪些地方？索引词出现的语境是什么？

《普通高中教科书　英语　选择性必修　第一册》第四单元的主题是 natural

disasters，如果想知道disaster都出现在哪里，可以使用索引定位功能。

将3_four disasters文件夹中的4篇课文导入AntConc，点击上方的Concordance Plot，然后在搜索框中键入disaster，点击Start，就出现了disaster在该单元的分布。从图2-4中可以看到，disaster出现在3篇课文中，在每篇课文中出现了2次，图中按顺序标明了disaster在文章中出现的位置。这表明，作为出现在大标题中的单词，disaster确实揭示了单元主题。该词在另一篇课文中没有出现。

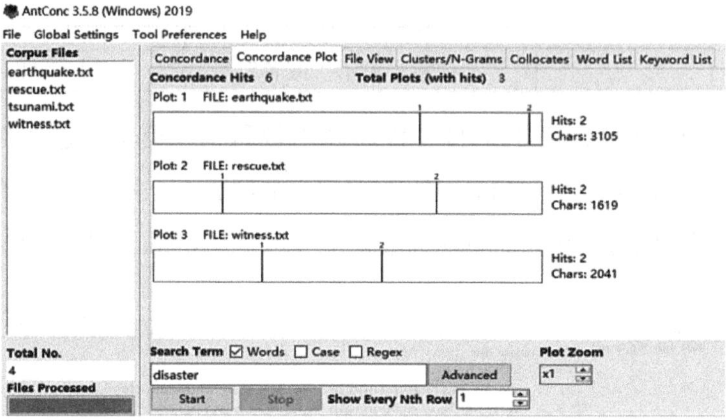

图2-4　disaster的索引定位

紧接着，如果教师想给学生展示disaster所在的语境，让学生了解该词的用法，可以点击每个Plot中的竖直黑线。以Plot 2为例，点击其中一条竖直黑线，就出现了disaster所在的语境，如图2-5所示。

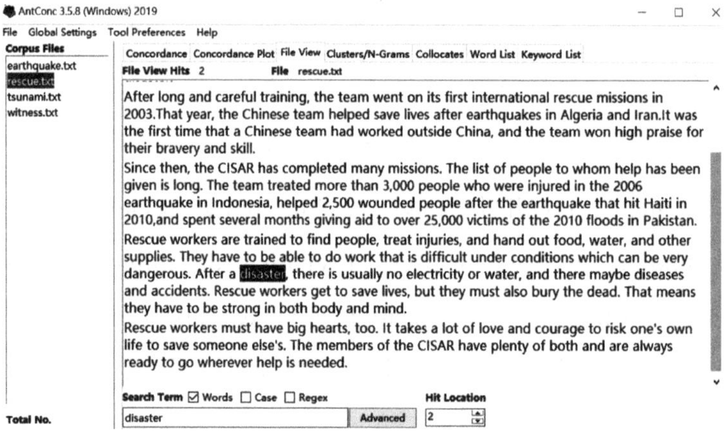

图2-5　查看disaster所在的语境

课例4——使用通配符：如何运用AntConc观察读后续写中的过去时态？

使用竖直线可以同时搜索多个词语。学生在读后续写中可能会出现很多过去时态方面的错误，教师可以在学生续写前，让他们观察给出的短文中出现的过去时态。首先，教师从所给文段中总结过去时的种类，然后将这些单词列出，用竖直线隔开。如：

*ed|said|bent|stood|were|driven|would|did|was|knew|might|left|saw|put|let|could|began|caught|

然后载入 4_forgetful mother. txt，将上述总结的过去时态种类复制粘贴进搜索框，将 Level 1—Level 3 设置为 0，这样检索出来的结果就按照这些单词的字母顺序排列，便于学生观察（见图 2-6）。

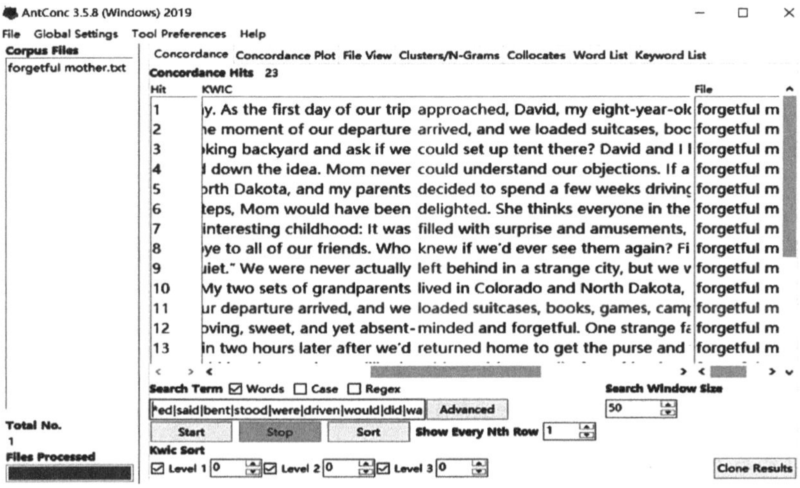

图 2-6　续写前文中的过去时态单词

学生观察以后，教师为了加深其印象，还可以将这些单词隐藏，让学生做完形填空。如图 2-7 所示，点击 Tool Preferences，再点击 Concordance，勾选 Hide search term in KWIC display，点击 Apply。

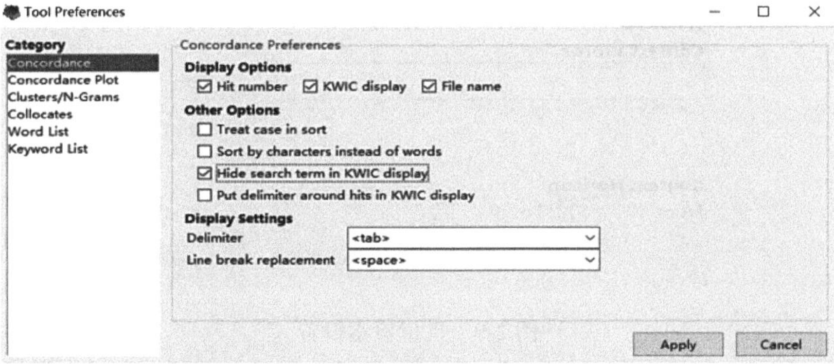

图 2-7　隐藏检索词设置

隐藏检索词之后，AntConc 就呈现出如图 2-8 的结果。教师可以将其打印出来，或者在微机室的电脑界面上让学生观察，并尝试写出这些单词。

图 2-8　检索词隐藏后的界面

课例 5——批量检索：如何批量检索，如 completely、badly 和 deeply 等加强词？

除了对单个单词的检索，还可以对多个单词进行批量检索。例如，教师可以从语料库中检索带有加强词的语例，让学生观察和学习。首先，点击 Advanced Search，然后如图 2-9 所示，勾选 Use search term(s) from list below，点击 Load File，载入包含 37 个加强词的文本 5_37amplifiers.txt，点击 Apply。

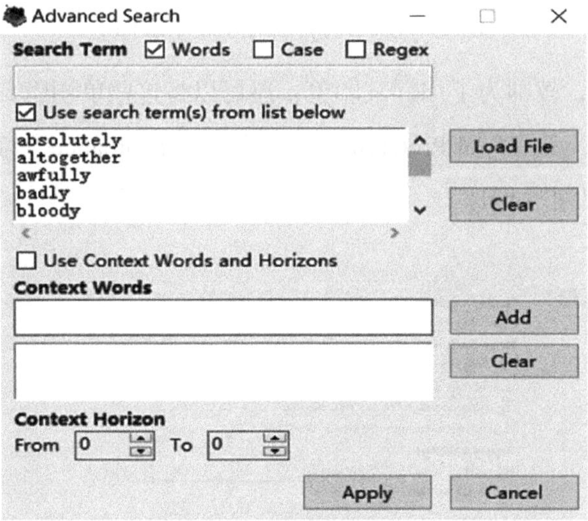

图 2-9　批量检索设置

回到主界面，将 Level 1—Level 3 都设为 0，点击 Start，就出现了图 2-10 所示的结果。教师可以让学生观察和统计检索到的加强词，看哪些没有在语料库中出现。然后，教师可以挑选出加强词的典型用法，将其作为教学材料使用。

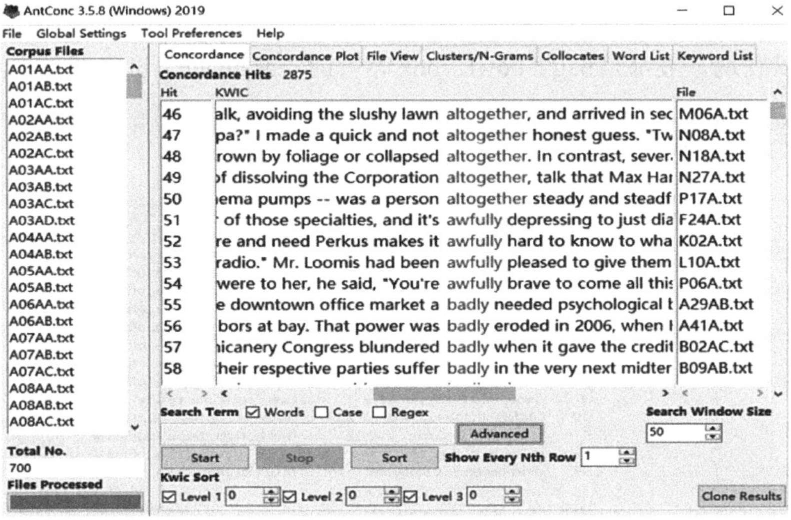

图 2-10 强化词检索结果

课例 6——语境搜索：在英语教材中，a和of之间会出现哪些名词，例如a bunch of 和a bit of等？

在教学实践中，“a...of ”的搭配很多，但是语法书难以提供如此具体、完整的搭配语例，因此可以使用Advanced Search功能来检索语境词。

首先，载入目标语料 6_a...of.txt，点击搜索框旁边的Advanced Search，弹出如图 2-11 所示的界面后，做如下设置：（1）在Search Term中键入a；（2）在Context Words中键入of，点击Add；（3）将Context Horizon都设置成 2R，意思是需要检索出a右面第二个词是of的短语，点击Apply。

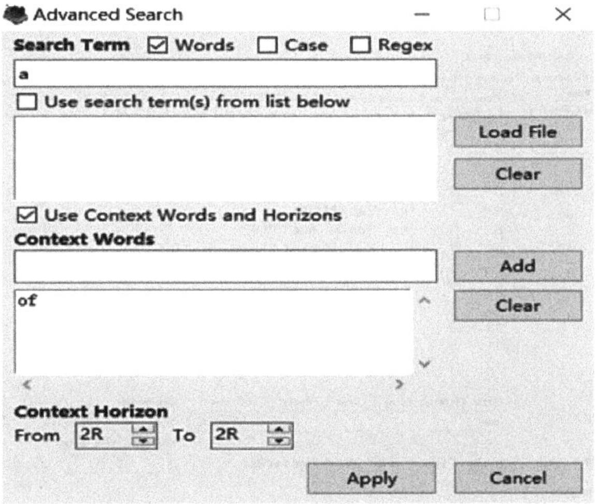

图 2-11 a...of 的语境检索设置

回到主界面，点击Start，就会出现如图2-12所示的搜索结果。观察a与of之间的词语，可以发现一般都是bag、bowl、box等量词，或bunch、blink等近似量词的词，例如a blink of the eye（眨眼间）中的blink也算是一个量词。

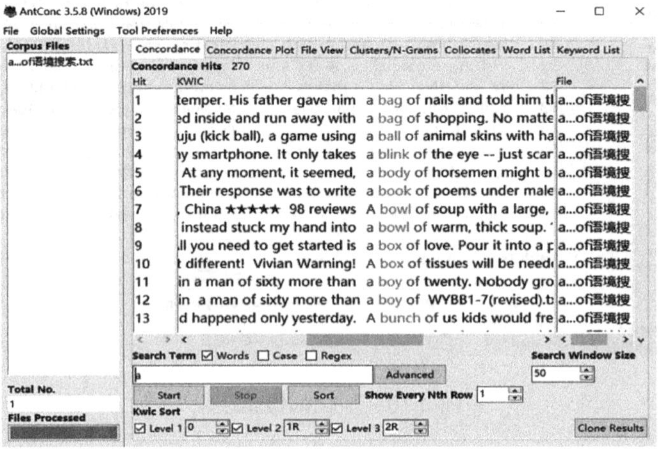

图 2-12　a...of 的语境搜索结果

（二）词丛、N元词表和搭配

课例7——词丛和N元词检索：如何检索幽默儿童小说*The King's Jokes*中joke的词丛和N元词？

在AntConc中载入7_The king's jokes.txt，点击Clusters/N-Grams，在搜索框键入joke，将Cluster Size的Min.设为3，Max.设为5；Min. Freq.和Min. Range（指文件范围，即结果来自多少个文件）都设为1。点击最下方的Sort by选择Sort by Freq，意思是按照搭配频率排序，再点击Start，就得到了如图2-13所示的检索结果。

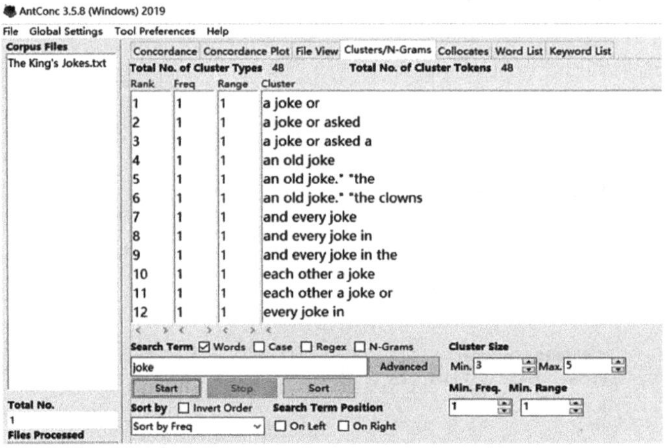

图 2-13　joke 的词丛

通过观察第 4 行可知，an old joke是一个 3 词词丛，第 5 行和第 6 行都包含上一个词丛，这说明较长的词丛包含较短的词丛。从joke的词丛中可以看出该词的搭配模式，即joke前面经常出现old或者every。

另外，也可以利用AntConc检索N元词，N元词不包含任何检索词，这样可以看到某些词丛的频率。勾选Regex和N-Grams，将N-Gram Size的Min.和Max.都设为 3，Min. Freq.设为 2，即至少出现 2 次才予以统计，点击Start。如图2-14 所示，said the queen、the queen and、said sago montago、and prince tom、your majesty said[①]等的出现频率较高。从这些N元词组来判断，本文是一篇描述王室生活的文章。

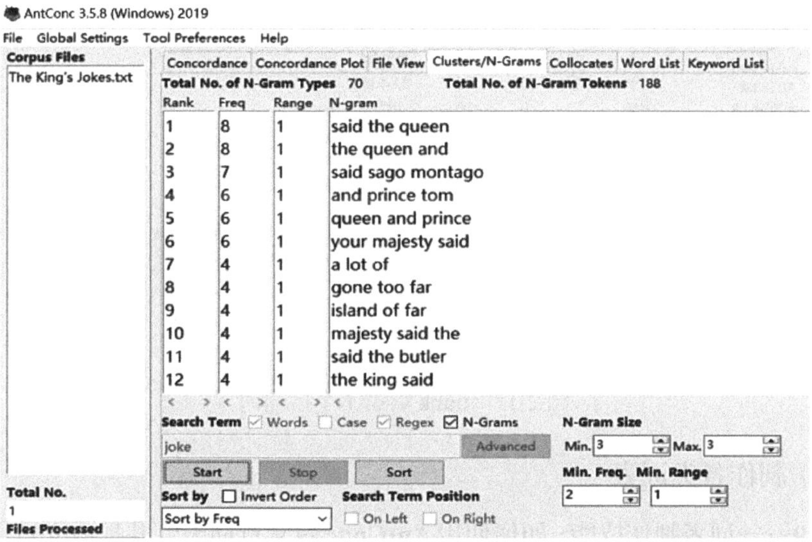

图 2-14　N 元词检索结果

课例 8——词汇搭配检索：think后面经常搭配哪些介词？

在AntConc中载入CLOB[②]，然后点击Collocates，在搜索框里输入think，将Window Span设定为 0—1R，意思是只关注think后面第 1 个词。最下方的Sort by选择Sort by Freq。

从图 2-15 可以看到，think最早搭配的前 13 个词语可以分为代词和介词两大类。若点击of，会出现例句“I can't think of a better word for our haphazard living.”，此处think of的意思是“想出来某事/某物”；若点击about，会出现例句“What do people

① 单词的大小写与 AntConc 中的搜索结果统一。

② 本书用到的语料库 Crown 和 CLOB 是由梁茂成和许家金开发建立的。Crown 是一个包含通用英语（422,799 词）、小说英语（259,250 词）、新闻英语（180,980 词）和学术英语（163,197 词）的综合语料库，总词量达 1,026,226 词。CLOB 是一个包含通用英语（421,163 词）、小说英语（259,484 词）、新闻英语（179,680 词）和学术英语（163,139 词）的综合语料库，总词量达 1,023,466 词。

think about family stability and changed family forms?”，此处think about的意思是“思考某事”。检索结果中的代词或冠词等基本上是宾语从句的开头。由此可以总结出，think后面搭配的介词多为of和about，其他情况下，后面一般是宾语从句。

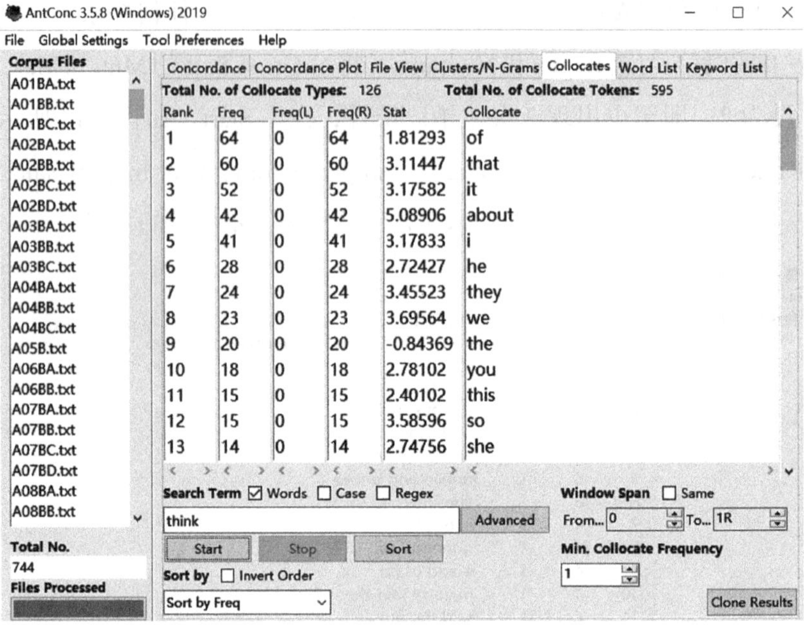

图 2-15 think 后第 1 个搭配词

（三）制作各类词表

课例 9——词表制作技能：如何使用 AntConc 做文章词表，并提取文章主题词？

打开AntConc，点击左上角的File，再点击Open Files，打开txt文件 9_after twenty years。然后，如图 2-16 所示，点击Global Settings，勾选Append Following Definition，这样可以避免将he’s等中的s单独算一个词。点击Apply，回到主界面，先后点击Wordlist和Start，词表就制作完成了。如图 2-17 所示，课文共有 329 个形符（Word Tokens）、177 个类符（Word Types）。实际上，在have的语例中，一部分是实词，表示“有”；一部分是虚词，表示现在完成时。其中的I、we和he等代词表明了文本涉及的人物。如果想进一步了解文章的内容，需要使用主题词提取功能。

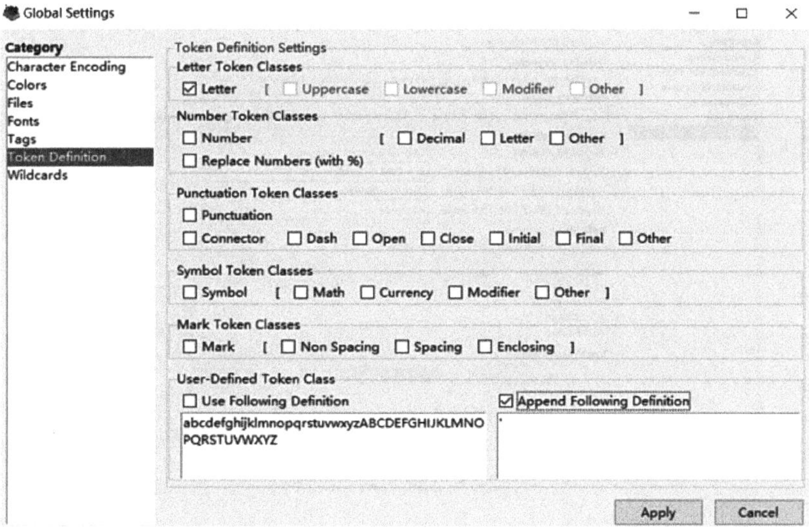

图 2-16　单词定义

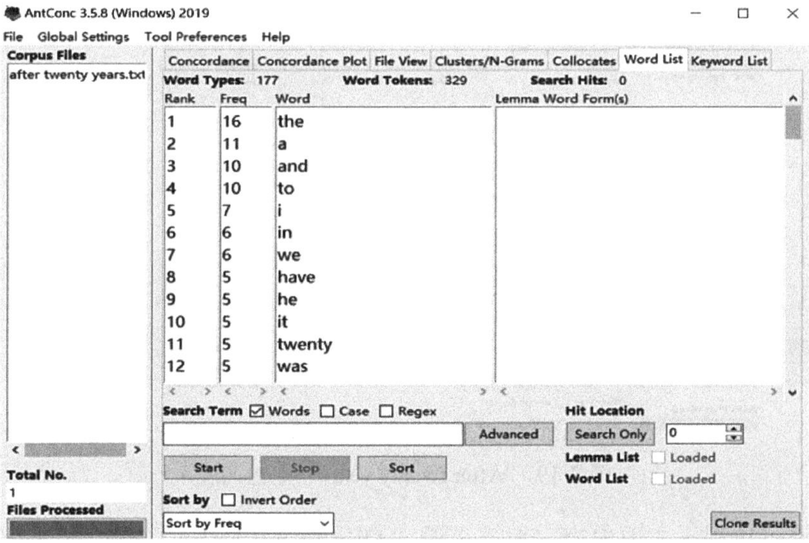

图 2-17　“After twenty years”的文章词表

如图 2-18 所示，点击 Tool Preferences，选中 Keyword List，点击 Add Directory，上传 Crown 语料库，然后点击 Apply，回到主界面。需要说明的是，点击 Add Directory 可以使含有多个文件的语料库里的文本全部载入。当然也可以用 Add Files，按住 Shift 键，点击第一个和最后一个文件，也可以使文件全部载入。另外，参照语料库的大小一般应该是所要分析的语料的 5 倍以上，Crown 语料库内包含 100 多万词，因此可以作为参照语料库。

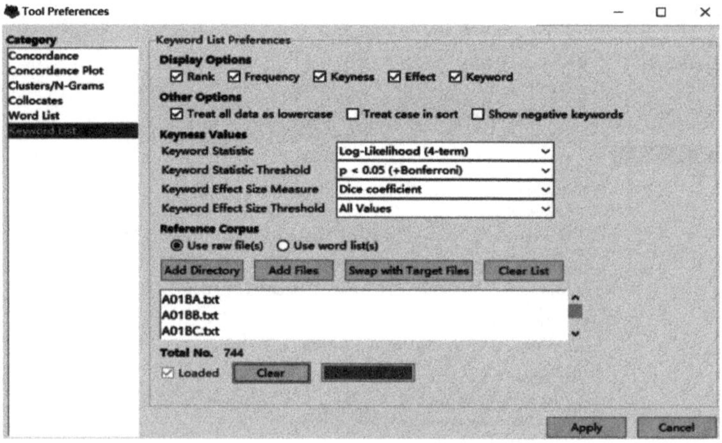

图 2-18　载入对比语料

回到主界面后，如图 2-19 所示，点击Keyword List，Sort by选择Sort by Keyness，意思是按照关键值的大小排序，然后点击Start，主题词表就生成了。

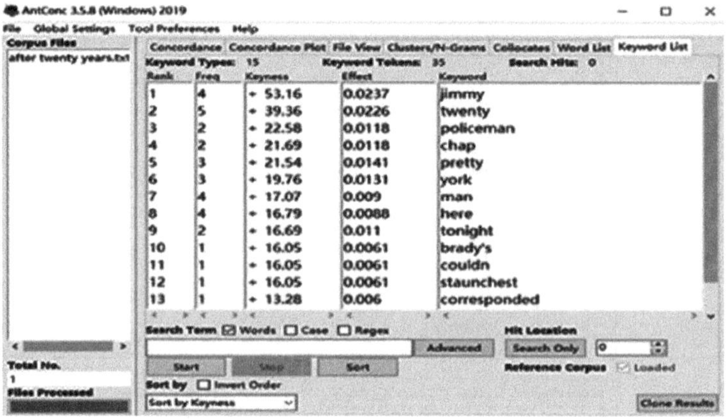

图 2-19 “After twenty years”主题词表

主题词可以揭示主要内容。短篇小说“After twenty years”的主题词表的前 10 个词可以分为三类，第一类是人物，包括Jimmy、policeman、chap和man；第二类是地点，包括York、here和Brady’s；第三类是时间，包括twenty和tonight。将这些主题词连起来，就可以大致了解小说要讲述的内容：Jimmy和文章所提到的man等人要在今晚于纽约的Brady’s酒馆会面。

课例 10——词形还原：如何使用AntConc进行词形还原？

首先，要提取课文“The night the earth didn’t sleep”的词表。在AntConc中上传earthquake.txt文件，如图 2-20 所示，课文中共有 540 个形符、278 个类符。但是，bright和brighter被算作 2 个词，am、is、are和were被算作 4 个词，有的词根及其派生词也是各自独立计入词数的。如果想让以上多个相关联的词归到一类，可以作词簇化处理。

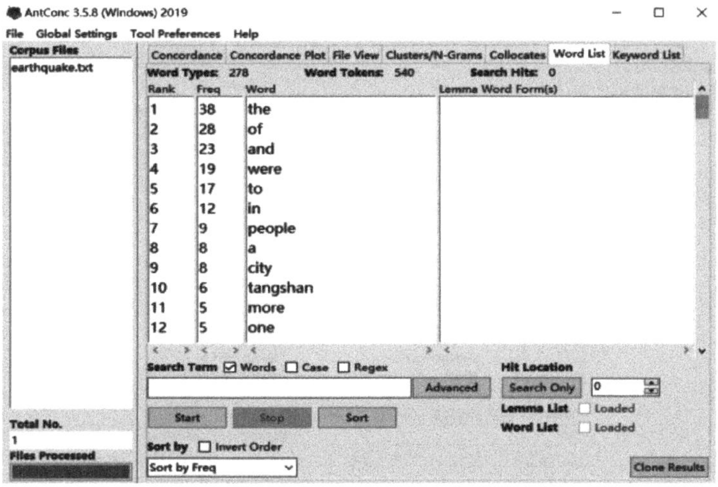

图 2-20 “The night the earth didn’t sleep”词表

很多教师在统计语篇的词汇量时，会遇到have、had、has被算作3个词的问题，使用AntConc词形还原方法可以解决这个问题。词目（lemma）指英文单词的权威、词典及引用形式。如went、going、gone的词目即为go。词目这一统计量，常用于语料库研究中的频率统计。

如图2-21所示，打开Tool Preferences，点击Word List，然后勾选Loaded，上传10_lemma.txt文件后，点击Apply。

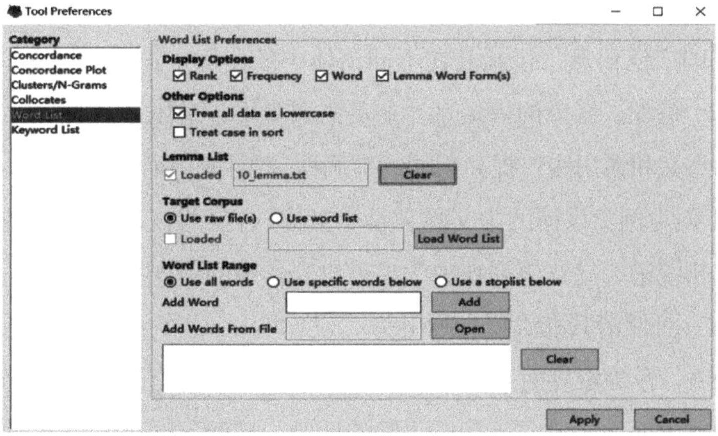

图 2-21 上传 10_lemma.txt 文件

这时可以看到been、was和were都被算作be，a和an都被算作a，that和those都被算作that。另外，词数也是没有变化的，Word Tokens和Lemma Tokens（词目形符）

数量相同，但是Lemma Types（词目类符）和Word Types还是有所不同的，如图 2-22 所示。

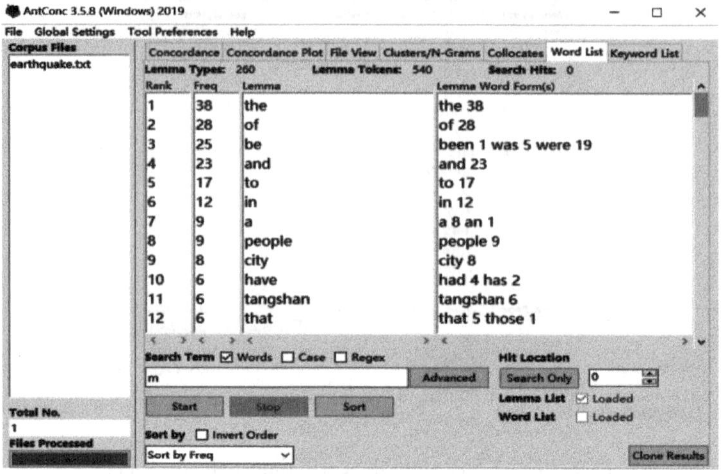

图 2-22 “The night the earth didn’t sleep” 词目表

三、线上语料库 COCA 的使用

美国当代英语语料库（Corpus of Contemporary American English，COCA）由 10 亿词的文本构成，文本分为口语、小说、流行杂志、报纸、学术期刊、电视和电影字幕、博客和其他网页八大类型。从建立之初，COCA就体现了其作为检索语料库的特征，具有强大的文本检索功能。COCA关注语料库中出现频率最高的前 6 万个单词，以及每个单词的广泛信息，包括其在不同语体中的使用、定义、同义词、相关主题、索引行、词丛、搭配、派生词等信息。在英语课堂中，运用COCA可帮助指导学生深入学习词语的意义和惯用法，提高用词的准确性、得体性和丰富性。

以insist一词为例。该词的中文释义是“坚持”，易与该词的另一层含义“坚韧不拔，不放弃”相混淆，导致该词在中学生英语写作中的错误频次较高。运用COCA对insist进行检索，可厘清其准确释义和用法。

登录COCA，在检索界面下选择Word。从图 2-23 右侧说明可知，在Word检索下可一览该词的方方面面，包含该词所关联的话题、搭配、词块、以该词为核心的索引行、近义词和网络素材。

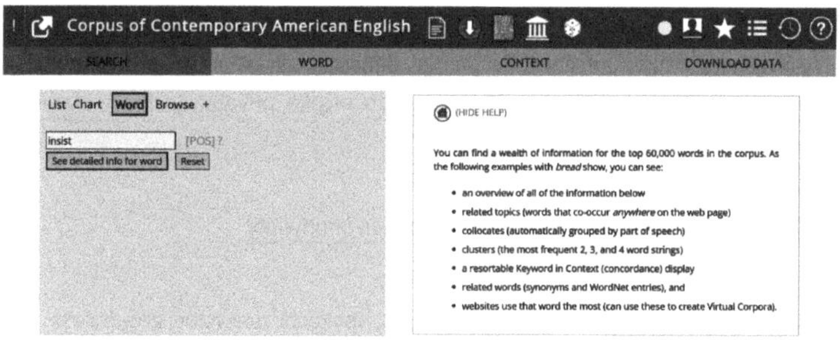

图 2-23 insist 的 Word 检索设置及说明

insist一词的检索结果见图 2-24。其中，基本释义部分包含了insist这个词目在COCA各文体中出现的频率，点击数字旁边的加号可得insist各种词形的具体数量、词的 3 个英文释义、网络资源的链接。点击DMOCG可链接韦氏词典；点击E可链接词源网站；点击图片符号可链接必应上含有该词的图片；点击音量符号可链接词语发音网站；点击翻译可选择对应语言进行翻译；还可搜索其近义词。图 2-25、图 2-26 和图 2-27 更为详细地说明了insist的用法。

图 2-24 insist 一词检索结果中的释义部分

TOPICS (more)

official, minister, concede, confrontation, pledge, diplomat, assertion, allege, prime, counter, reluctant, iraqi, negotiation, proclaim, administration, invoke, privately, subject, blame, furious

COLLOCATES (more)

NOUN	official, us, obama, bush, white, clinton, israel, anonymity
VERB	demur, rehash, bailout
ADJ	taliban, ukrainian, assertive, baltic, baseless, apolitical, dogmatic, groundless
ADV	repeatedly, nonetheless, stubbornly, rightly, adamantly, loudly, emphatically, vehemently

RELATED WORDS

insistence, insistent, insistently

图 2-25　insist 一词检索结果中的关联话题和搭配部分

CLUSTERS (more)

insist •	insist on • insisted on • insists on • insisting on • insists he • insisted he • insist they • insisted they
• insist	he insisted • he insists • you insist • she insisted • i insist • had insisted • they insist • she insists
insist • •	insisted that he • insist that they • insisted that i • insisted that they • insists that he • insisted that she • insisted that it • insist that you
• • insist	going to insist • continue to insist • continued to insist • i must insist • do you insist • have to insist • continues to insist • people who insist
insist • • •	insisted that he had • insisted that he would • insisted that they had • insist that they have • insists he is not • insist that they do • insists he does n't • insisted on going to
• • • insist	why do you insist • for those who insist • i have to insist • we have to insist • will continue to insist • why do they insist • went on to insist • know why you insist

图 2-26　insist 一词检索结果中的词块部分

CONCORDANCE LINES (more)

1	SPOK: 2009: NBC_Dateline	Gilliams ? Hell , no , said Mark . The sheriff	insists	he does n't have enough evidence to charge Keith Saul , and
2	SPOK: 1999: Ind_NewsForum	education is tied to his national political ambitions . Pataki	insists	he has the interests of New York City 's one million public
3	FIC: 1995: Atlantic	of past accomplishments , struck down by a job she had	insisted	he pursue . Prior to that job Howard had not worked since
4	NEWS: 2018: New York Times	would remain " made in Italy . " # Mr. Idol	insisted	he saw numerous unexpected parallels between the two companies
5	FIC: 1990: Bk:FamilyPictures	When David persisted in treating it as a joke , Freddy	insisted	he was serious , he 'd worked out the figures , he
6	SPOK: 2019: PBS_Newshour	in part the non- Serb population in Bosnia . The defense	insists	he 's innocent and never participated in or ordered any crimes .
7	NEWS: 1999: Houston	. # Even though he is now the underdog , Bradley	insists	his fate is not dependent on Gore making some big mistake or
8	NEWS: 2009: USAToday	stands at odds with his assessment . # The left-hander	insists	his problems are mechanical and that he feels fine on the mound
9	MAG: 2012: MotherJones	Ou , almost everyone connected to Walmart I met in China	insisted	I not use their real names for fear of being blackballed by
10	SPOK: 2003: CNN_Daybreak	the Palestinian Authority . One thing Condoleezza Rice	insisting	in a speech in Los Angeles yesterday , she says as the

图 2-27　insist 一词检索结果中的语境索引行部分

运用COCA，可在教学中对insist的具体用法进行深度学习。见图 2-28，在List检索下可输入多种形式，检索结果以语境索引行形式呈现，可以保存部分索引行，并对索引行进行删除、移动和扩充。

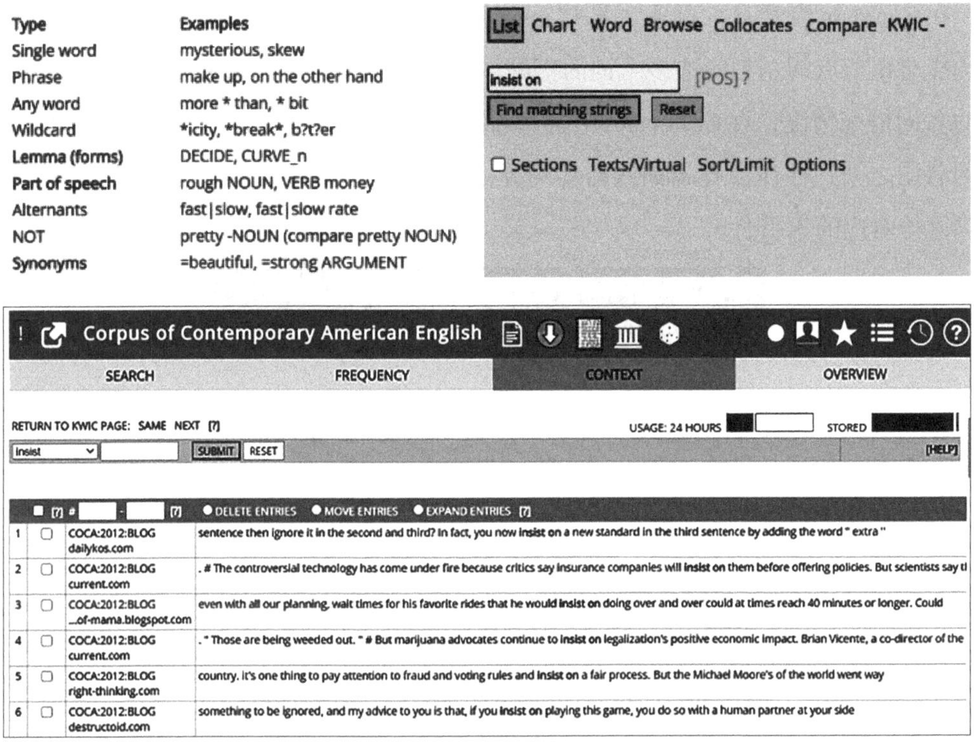

图 2-28 insist 的 List 检索设置及结果编辑

见图 2-29，运用List检索可以对学生的错误表达进行检验。输入学生常犯错误，例如将“坚持努力学习”错译成insist studying hard，并将其输入检索框，检索结果显示错误，在COCA中无任何对应的索引行。

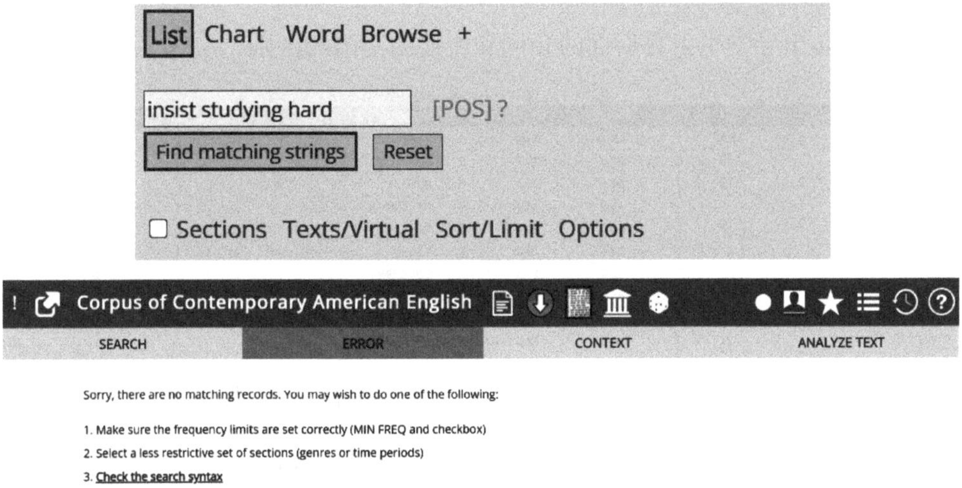

图 2-29 insist studying hard 检索结果

在Compare检索下，可输入易与insist混淆的单词persist，并进行搭配上的对比，可选择对比节点词左右两边多个词的搭配情况。本次选择对比insist/persist左侧前 2 个词的名词搭配情况，在Collocates中选择noun.ALL，即所有的名词，因为动词及其前面的名词之间，往往会有副词或助动词等，所以最低值设置了 2，见图 2-30。点击任意词可得对应的索引行。

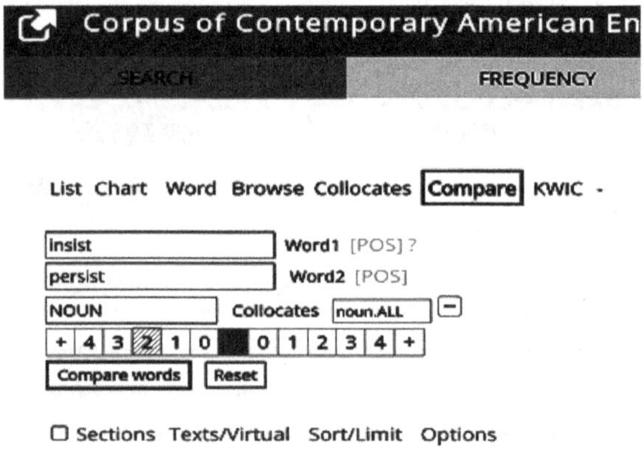

图 2-30 insist/persist 左侧二词检索设置及部分对比

图 2-31 表明，insist前面经常出现的名词是officials、experts、supporters、republicans、advocates、democrats等有一定权力或影响力的人，这些官员、专家和党派人士会“坚持”（insist）一些主张或看法；而persist前面的名词经常是problems、symptoms、rumors、differences、trends、issues等负面或中性的社会现象，这些现象“长久存在”（persist）。从以上对比可以较为清晰地从一个侧面看出这两个词的区别。教师还可以进一步引导学生去看后面的介词和所接的宾语的区别。

WORD 1 (W1): INSIST (3.00)

	WORD	W1	W2	W1/W2	SCORE
1	OFFICIALS	320	1	320.0	106.8
2	EXPERTS	46	0	92.0	30.7
3	SUPPORTERS	43	0	86.0	28.7
4	REPUBLICANS	71	1	71.0	23.7
5	ADVOCATES	30	0	60.0	20.0
6	DEMOCRATS	57	1	57.0	19.0
7	AIDES	26	0	52.0	17.4
8	SCIENTISTS	24	0	48.0	16.0
9	CONSERVATIVES	23	0	46.0	15.4
10	OTHERS	23	0	46.0	15.4

WORD 2 (W2): PERSIST (0.33)

	WORD	W2	W1	W2/W1	SCORE
1	PROBLEMS	129	0	258.0	773.1
2	SYMPTOMS	64	0	128.0	383.6
3	RUMORS	37	0	74.0	221.8
4	DIFFERENCES	26	0	52.0	155.8
5	TRENDS	21	0	42.0	125.9
6	ISSUES	21	1	21.0	62.9
7	CONCERNS	20	1	20.0	59.9
8	EFFECTS	20	1	20.0	59.9
9	CONDITIONS	31	2	15.5	46.4
10	SPECIES	27	2	13.5	40.5

图 2-31 insist/persist 左侧一词检索设置及部分对比

本书后面的章节还会多次用到COCA。COCA收集的口语、小说、杂志、报纸等语料，各占 20%。值得一提的是，COCA是一种监控语料库（monitor corpus），随着时间的推移，其规模不断增长。

第三单元

语料库与英语词汇教学

一、问题导入

中小学英语教学中，词汇教学占很大比重，教师尤为重视词汇意义和用法的讲解、练习和拓展。但是，对教材词汇进行“词典搬家式”的讲练，并不能完全解决学生在口语和写作输出时实际遇到的具体问题。有些错误的出现出乎意料，教科书上又没有现成的答案，此时经验、词典和参考书都不能帮学生解决问题。另外，教师也经常忽略词汇在实际场景中的使用频率，其后果是师生可能在不常用的词汇上浪费很多时间，而对于常用词汇，由于其表面上看起来很熟悉，花费的时间就相对较少。但是，根据语料库的数据，3000 个左右的常用英语单词占到绝大多数文本的 85%—95%（Nation & Gu, 2019），因此专家建议，应加强常用单词的教学。以大数据为基础的语料库能够精准检索出直观的批量例句，这为实际问题的解决提供了有效途径；同时，使用语料库检索工具可以迅速分析出文本中词汇的层级，为教学文本提供全面而具体的词汇描述，为词汇教学提供指导。

例如，教师在评阅学生记叙文写作时发现学生写出了这样的句子：

Near evening, he **abruptly** found a cat on a very tall pine tree.

教师凭直觉感到 abruptly 修饰 found 可能不妥，不如 suddenly 自然，但是又很难说清道理。这时应当怎么办呢？

二、解决方案

（一）使用 COCA 对比词汇用法

查阅 COCA 的操作步骤如下（见图 3-1）：

第一步：点击 Compare 栏，在 Word 1 框输入 suddenly，在 Word 2 框输入 abruptly；

第二步：在Collocates部分选择verb.ALL；

第三步：点击斜线方块前的0，表示忽略检索词前面的动词；点击斜线方块后面的1，表示只看检索词后面的第1个动词。

第四步：点击Compare words。

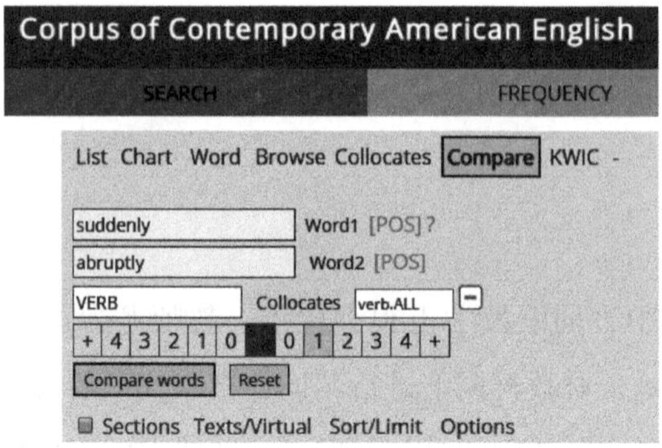

图 3-1　运用COCA对比suddenly和abruptly的用法

语料库界面上出现了图3-2的内容，教师将图3-2放在PPT上，请学生总结abruptly所修饰动词的语义特征，这些动词（去除重复词和词尾）如下：

cancel　end　terminate　resign　retire　fire

leave　halt　shut　quit　close　cease

学生通过分析以上词汇发现：第一，这些词大多以end为基本意义，说明abruptly主要和这类含义的词汇搭配；第二，如图3-2(a)中的W1和W2数据显示，在使用suddenly的情况下，一般不使用abruptly；第三，如图3-2(b)中的W2和W1数据显示，能用abruptly修饰的动词也都能用suddenly替代。由此可以得出结论：abruptly一般和表示end的动词连用；suddenly的使用非常普遍。

WORD 1: SUDDENLY

WORD	W1	W2
FIND	295	0
REALIZE	187	0
SEEMED	350	1
GET	174	0
SAW	155	0
APPEARS	151	0
SEE	136	0
SEEMS	128	0
MAKE	123	0
THOUGHT	110	0
DECIDE	108	0
KNEW	108	0
FEEL	215	1
DISCOVERED	89	0
FEELS	87	0
SEEM	86	0
APPEAR	164	1

(a)

WORD 2: ABRUPTLY

WORD	W2	W1
CANCELLED	23	2
ENDING	23	3
CANCELED	73	11
TERMINATED	26	4
RESIGNED	80	15
ENDED	147	34
RETIRED	20	6
ENDS	29	9
FIRED	38	13
LEAVES	20	8
HALTED	38	21
LEFT	94	52
SHUT	48	27
QUIT	51	34
CLOSED	24	16
END	27	19
CEASED	29	23

(b)

图 3-2　suddenly和abruptly动词搭配查询结果（部分）

在分析的过程中，学生查找了terminate、resign、fire、halt和cease等生词，并通过点击词汇的方式查看了例句。例如，学生熟悉fire作名词时的含义“火”，但并不确定界面上出现的其作动词时的含义，因此点击查看fire的例句，想通过具体语境确定其含义。点击fire后的数字“38”（即共有38个例句），得到图3-3的内容，这里只取其中10个。通过分析图3-3中的例句可发现，fire在此处表示“解雇”，与end一脉相承，这样就更加确定了前面归纳出的结论。

CLICK FOR MORE CONTEXT

1	campaign and Russians during the election. # When Trump **abruptly fired** Comey, the White House initially said he had been dismissed because of
2	of New York, gained national attention when President Trump **abruptly fired** him from that job in March 2017. Since then he has been
3	After only eight months on the job, the board **abruptly fired** him, declining at the time to comment on the reason. #
4	AM ET Jonathan Ernst/Reuters # Donald Trump on Tuesday **abruptly fired** Secretary of State Rex Tillerson and replaced him with CIA Director Mike Pompeo
5	# Hired on an interim basis last July after Richardson **abruptly fired** Dave Gettleman, Hurney was the only internal candidate last week to interview
6	claiming he had McCarthy's back for weeks, Emanuel **abruptly fired** him on Dec. 1, 2015. At the time, the mayor
7	, it was just eight days ago when President Trump **abruptly fired** Comey sending shock waves around Washington and across the country. And tonight
8	" Van Susteren, formerly of Fox News, was **abruptly fired** less than six months into her tenure at MSNBC after plummeting viewership during
9	and Comey depicted in the memo. # Comey was **abruptly fired** May 9 and learned of the dismissal as he was giving a talk
10	Los Angeles -- as Fox Sports announced that it had **abruptly fired** its controversial head of sports programming. # Jamie Horowitz's dismissal Monday

图3-3　abruptly和fire搭配的语境（部分）

教师借助COCA得到可供分析的语料，通过设计课堂活动，帮助学生归纳、总结、厘清了suddenly和abruptly的用法差异。在此过程中，学生学习了表示end的词汇；还通过阅读理解大量例句，扩大了阅读量。另外，由于COCA中的语料真实自然，因此在此检索过程中，学生获得了理解真实语料的体验。

（二）查找词语的搭配

搭配是对单词组合使用的限制。例如，在英语中，动词perform可以搭配operation（如the doctor performed the operation），但不能搭配discussion（一般说the committee held/had a discussion）。形容词high可以与probability搭配，但不与chance搭配，一般说a high probability和a good chance。搭配并不是随机出现的，大多是固定的或半固定的。构成搭配关系的词语之间互相吸引，不可拆解，形成了一个意义整体。

再如学生写的一个句子“He solved all the doubts.”，直译就是“他解决了所有的疑问”。很明显，这是对英文句子的逐字翻译。但是，教师认为学生写的句子搭配不当，不应用solve来与doubts搭配。为了纠正学生的错误，教师在语料库中搜索以doubts作为宾语的动词（见图3-4），操作步骤如下：

第一步：在COCA中点击Collocates。

第二步：在Word/phrase中键入doubts。

第三步：点击POS并选择verb.ALL。

第四步：单击斜线方块左侧的2，右侧保留零。

第五步：勾选Sections，GROUP BY选择LEMMAS。

第六步：点击Find collocates。

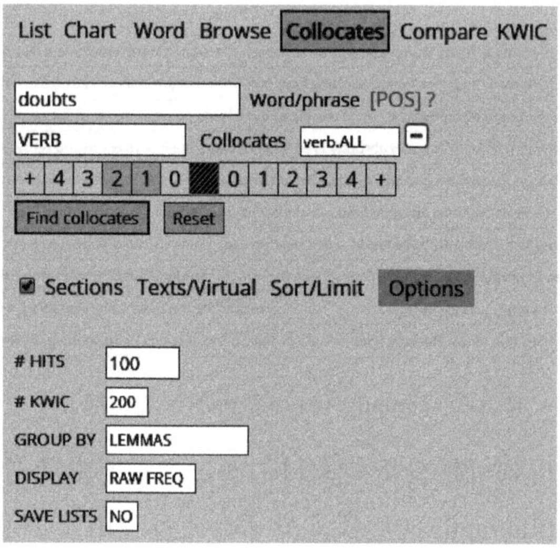

图 3-4　以 doubts 为宾语的动词检索设置

检索结果汇总在表3-1中。在检查了每个单词后，教师发现dispel、overcome、remove和resolve可以与doubts搭配，表达“解决疑难”的意思，并未发现solve与之搭配的语例。

表 3-1　以 doubts 为宾语的动词

序号	搭配动词	频数	序号	搭配动词	频数
1	raise	486	11	overcome	32
2	express	303	12	leave	31
3	say	124	13	remove	30
4	cast	93	14	share	26
5	harbor	80	15	put	25
6	get	55	16	entertain	22
7	voice	44	17	feel	22
8	think	36	18	erase	20
9	dispel	34	19	resolve	20
10	create	32			

（三）对比词语搭配的语义倾向和语义韵

语义倾向表现为核心词项与一组搭配词之间的共现，而且这组搭配词在语义上相互关联，共享一个更为抽象的语义特征。某词与其搭配词呈现出某种意义倾向，例如，happen往往与表达不愉快事件的词同时出现（Timmis，2015），这些表达不愉快事件的词呈现出“不愉快”这一语义特征。图 3-5 中，较为明确的不愉快事件包括accidents、hurricane、crimes、epidemics、peer pressure、theft和crash，剩余的虽然没有明说，但从语气来推测，基本上也表现出不愉快的氛围。动词happen的主语所具有的这种语义特征就是语义倾向。进一步讲，happen经常与消极意义相关联，happen的主语基本呈现出“消极的”或“坏的”的含义，这就是动词happen的语义韵。语义韵带有评价意义（evaluative meaning），表达了说话人的态度，但不局限于“积极的”和“消极的”。

1	athroom, and bedroom are where most accidents	happen.	These can include falls, fires, poisoning, cuts,
2	remember much about the hurricane itself. It all	happened	so quickly. I was sitting in my room
3	't agree with you more. It's already	happening	now and will happen even more in the
4	growing plants to make new ones. It also	happens	in animals when identical twins are produced fro
5	saw my laboratory exactly as before. Had anything	happened?	I thought my mind had tricked me. Then
6	and mouth guards also help, in case anything	happens.	A: Excuse me. Is this where I sign
7	by the Internet. New kinds of crimes are	happening	on the Internet, too, so cyber security has
8	— usually two weeks or less. Epidemics have been	happening	for as long as there have been people
9	will fill me in on what's been	happening	— who has got married or had children or
10	able to experience every single thing that can	happen	to others, but you can use your imagination
11	we belong to our community. Peer pressure can	happen	when we are influenced to do something that
12	050. There are also many other important changes	happening	in the world of work that young people
13	ount. I never thought online identity theft could	happen	to me. A: Oh, I'm so sorry
14	knew quite well the pattern of what could	happen	when he reached the inner part of the
15	to their incredible machine. A violent crash	happened.	The professor fell from the boat. Suddenly, he

图 3-5　happen 的索引行

对于中国英语学习者来说，掌握单词的语义倾向比较困难。例如，leave sb. *adj.* 和keep sb. *adj.*是两个常用短语，具有相同的中文翻译，即“让某人处于某种状态”，所以许多中国英语学习者把leave和keep当作同义词来使用。然而，语料库揭示了这两个词组中形容词意义的差异，操作如图 3-6 所示。

第一步：点击Compare。

第二步：在单词框中输入leave和keep。

第三步：点击POS并选择adj.ALL。

第四步：单击斜线方块左侧的 0，然后单击右侧的 2。

第五步：点击Compare words。

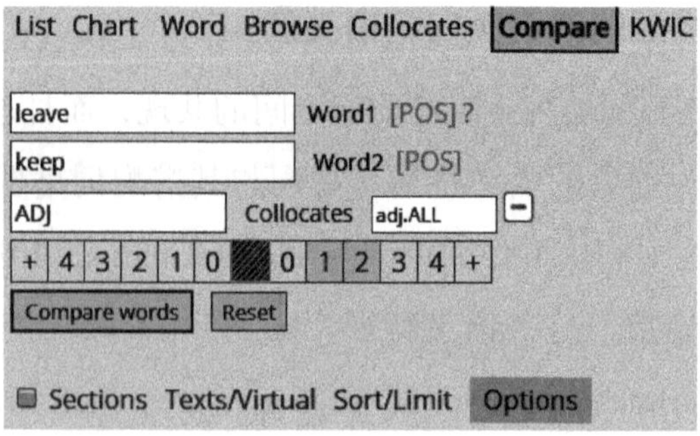

图 3-6　对比 leave 和 keep 后面的形容词

从图3-7可以看出，leave后面的alone、unattended和empty-handed包含“不足”“缺乏”或“不完整”的语义倾向，而keep后面的形容词表现人的“身体”“精神”或其他事物所处的状态的语义倾向，如awake、busy、calm、interested、competitive和fit等。leave sb. *adj*.呈现出消极的语义韵，keep sb. *adj*.呈现出积极或中性的语义韵。

WORD 1 (W1): **LEAVE** (0.56)

	WORD	W1	W2	W1/W2	SCORE
1	ALONE	12279	6	2,046.5	3,673.3
2	UNATTENDED	71	0	142.0	254.9
3	EMPTY-HANDED	57	0	114.0	204.6
4	STRANDED	43	0	86.0	154.4
5	FORWARDING	38	0	76.0	136.4
6	INDELIBLE	38	0	76.0	136.4
7	SPEECHLESS	35	0	70.0	125.6
8	UNABLE	34	0	68.0	122.1
9	UNFINISHED	30	0	60.0	107.7
10	LASTING	129	3	43.0	77.2
11	GAPING	19	0	38.0	68.2
12	UNANSWERED	36	1	36.0	64.6
13	BLANK	71	2	35.5	63.7
14	ELEMENTARY	12	0	24.0	43.1
15	NATAL	11	0	22.0	39.5

WORD 2 (W2): **KEEP** (1.79)

	WORD	W2	W1	W2/W1	SCORE
1	AFLOAT	478	0	956.0	532.6
2	AWAKE	423	0	846.0	471.3
3	UP	360	0	720.0	401.1
4	BUSY	1123	2	561.5	312.8
5	CALM	276	0	552.0	307.5
6	ABREAST	274	0	548.0	305.3
7	INTERESTED	189	0	378.0	210.6
8	QUIET	2137	6	356.2	198.4
9	TO	156	0	312.0	173.8
10	UP-TO-DATE	144	0	288.0	160.5
11	MOIST	143	0	286.0	159.3
12	TIGHT	142	0	284.0	158.2
13	CHANGING	128	0	256.0	142.6
14	COMPETITIVE	99	0	198.0	110.3
15	FIT	96	0	192.0	107.0

图 3-7　leave 和 keep 后面的形容词比较结果

（四）查找词语的相关词汇

SKELL语料库不仅可以提供同义词，还可以提供词汇相关语境中使用的其他单词，这些单词可以通过词云[①]来呈现（如图3-8所示）。下面以ecosystem为例进行演示：

第一步：点击Similar words。

第二步：在单词框中键入单词ecosystem。

① 词云是文本或语料库中单词频率的图形表示。

第三步：进行检索。

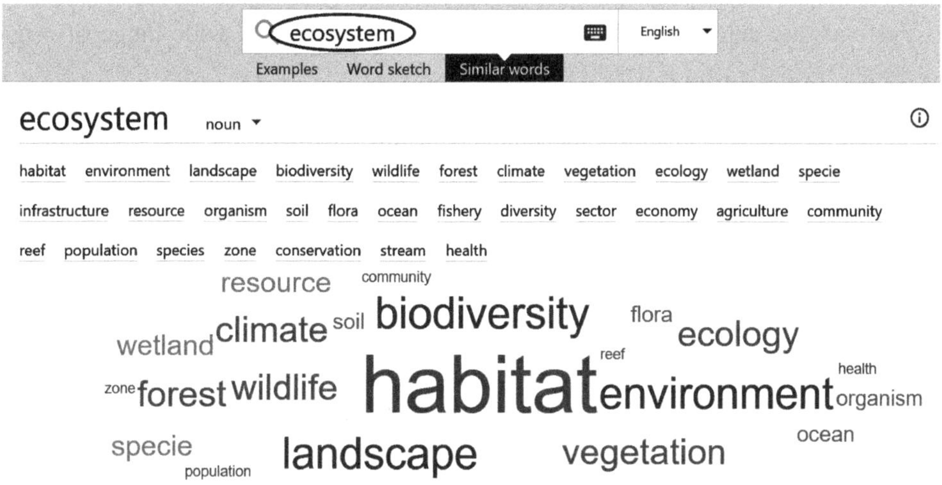

图 3-8　ecosystem 的相关词汇

从词云来看，字体越大，越有可能与ecosystem同时出现在一个语篇中，字体最大的是habitat，略小的是environment、biodiversity和landscape，次之的是climate、forest、wildlife、vegetation和ecology等。从中可以看出，生态系统与动植物生存环境（habitat、environment、landscape、forest）、动植物（wildlife、vegetation）、生物多样性（biodiversity）和生态学（ecology）相关概念共现的程度最高。利用语料库获取相关主题词汇，可有效辅助口语、写作等输出性技能方面的教学。

（五）阅读材料的词汇频率概貌分析

词汇频率概貌（lexical frequency profile，简称LFP）是Laufer和Nation（1995）提出的一种分析方法，用于分析英语文本的词汇丰富度（lexical richness），常见于学习者语言分析或教材阅读材料的词汇覆盖度（vocabulary coverage）分析。LFP基于这样的假设：在文本中，高频词占比很高，但真正使得文本难以理解的是一些低频词。此外，高水平学习者掌握的词汇更为丰富，词汇量也更大，在产出语言的过程中，他们使用的低频词所占的比例也更高。

在课前了解一篇课文的词汇频率概貌是很有必要的。以课文“Why do we celebrate festivals?”为例，该课文选自《普通高中教科书　英语　选择性必修　第三册》。教师可以先迅速阅读下面的课文，感受文本的词汇状况，然后再登录www.lextutor.ca/vp/eng/，使用VocabProfilers进行分析。

Why do we celebrate festivals?

Festivals are celebrated all around the world. They have a wide range of origins, such as the seasons of the year, religions, famous figures, and important events. Every festival has its different customs and unique charms. However, no matter how different they may seem, all over the world, the spirit of sharing joy, gratitude, love, or peace is common in all festivals.

Of all the traditional festivals, the harvest festival can be found in almost every culture. This important agricultural festival takes place after all the crops have been gathered in. People celebrate to show that they are grateful for the year's supply of food. In ancient Egypt, the harvest festival was celebrated during the springtime—the Egyptian harvest season. It featured a parade and a great feast with music, dancing and sports. Today, in some European countries, people decorate churches and town halls with flowers and fruit, and get together to celebrate over a meal. During the Mid-Autumn Festival in China, families gather to admire the shining moon and enjoy delicious mooncakes.

Customs play a significant role in festivals, but sometimes they can change over time. With the development of modern society and the spread of new ideas, some traditions may fade away and others may be established. One example is the typical Chinese Spring Festival custom of lighting firecrackers to drive away the evil spirits and celebrate the new year. Nowadays, many big cities have given up this custom in order to avoid air pollution. Another example is Halloween, which slowly became an exciting festival for children, in spite of its religious origins.

Festivals are becoming more and more commercial, with businesses taking advantage of the celebrations. Online shopping websites and social media apps have made them much easier for the public to spend more on gifts for their loved ones. Although some believe festivals should not be commercialized, others believe the increase in spending is good for the economy and public happiness.

Festivals are an important part of society. They reflect people's wishes, beliefs, faiths, and attitudes towards life. They are occasions that allow us to relax and enjoy life, and forget about our work for a little while. They help us understand where we came from, who we are, and what to appreciate. And if you study festivals carefully, you may be surprised to find that different cultures actually have a lot in common after all.

词汇分析界面如图3-9所示，在MAIN TEXT中键入文本，单击右下角的SUMBMIT_Window。接着，文本中的单词将根据词频以不同的颜色显示，并在页面右侧生成词汇表。

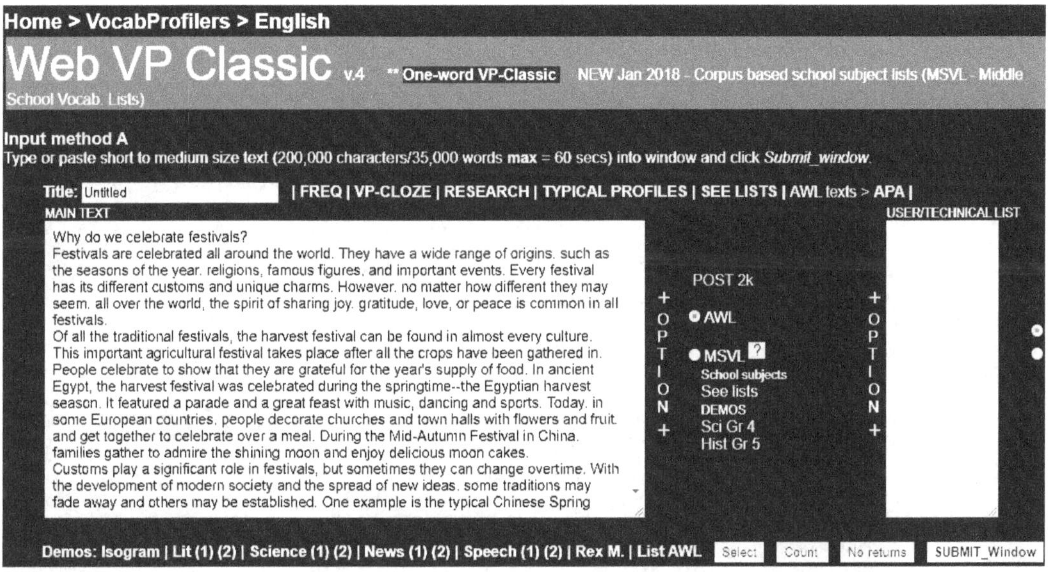

图3-9 词汇分析器

如图3-10所示，词汇分析器提供了以下指标：K1词汇、K2词汇、AWL词汇、实词（Content word）、虚词（Function word）、词汇密度（Lex density）、词族（Word family）、形符（Token）、类符（Type）等。K1词汇指的是前1000个最常用的单词。K2词汇指的是第1001—2000个最常用的单词。AWL词汇是学术词汇表（Academic Word List）中的词汇，包含不同类型学术文本中常见的词汇。实词是指表现事物、质量、状态或动作、单独使用时具有本身意义的词语，主要包括名词、动词、形容词和副词，如book、run、musical、fast等。虚词本身几乎没有意义，但在句子中和句子之间显示出语法关系，连词、介词、冠词等都是虚词。实词与总词数的比例是词汇密度。在词汇研究中，单词的基本形式及其屈折形式一起被称为词目，例如make、made和makes都属于同一词目。词族由单词及其间接形式，以及与其密切相关的派生形式组成。例如，rely的词族如下：

rely reliability reliable reliably reliance

reliant relied relies relying unreliable

从上面的分析可以看出，词目包含的是单词的语法变化，一般不改变词性；而词族包括一个单词的所有形式变化，包括派生词等。

当我们要计算一个句子中的每个单词时，以这种方式计算的单词被称为形符。以“It is not easy to say it correctly.”为例，这个句子包括 8 个形符。然而，如果不计算同一个单词重复出现的次数，这个句子就由 7 个不同的单词（即类符）组成。这个句子的类符形符比率是 7/8，即 0.88。该数据表明了这个句子的词汇丰富度。

	Families	Types	Tokens	Percent
K1 Words (1-1000):	145	168	**315**	**77.78%**
Function:	...	...	(175)	(43.21%)
Content:	...	...	(140)	(34.57%)
> Anglo-Sax	...	...	(77)	(19.01%)
K2 Words (1001-2000):	27	28	**34**	**8.40%**
> Anglo-Sax	...	...	(11)	(2.72%)
1k+2k			...	(86.18%)
AWL Words:	13	15	**15**	**3.70%**
> Anglo-Sax	...	...	(2)	(0.49%)
Off-List Words:	?	23	**41**	**10.12%**
	185+?	234	405	100%

Current profile	
%	Cumul.
77.78	77.78
8.40	86.18
3.70	89.88
10.12	100.00

Words in text (tokens):	405
Different words (types):	234
Type-token ratio:	0.58
Tokens per type:	1.73
Lex density (content words/total)	0.57
Pertaining to onlist only	
Tokens:	364
Types:	211
Families:	185
Tokens per family:	1.97
Types per family:	1.14
Anglo-Sax Index: (A-Sax tokens + functors / onlist tokens)	%
Greco-Lat/Fr-Cognate Index: (Inverse of above)	%

图 3-10 课文词汇分析结果

在本文中，共有 234 个类符和 405 个形符，类符形符比率为 0.58。K1 词汇占正文的 77.78%，虚词占K1 词汇的 43.21%，实词占K1 词汇的 34.57%。K2 词汇占文本的 8.40%，K1 词汇和K2 词汇之和占文本的 86.18%。文本中有 15 个AWL词汇，图 3-11 也显示了AWL子列表中的AWL词汇。

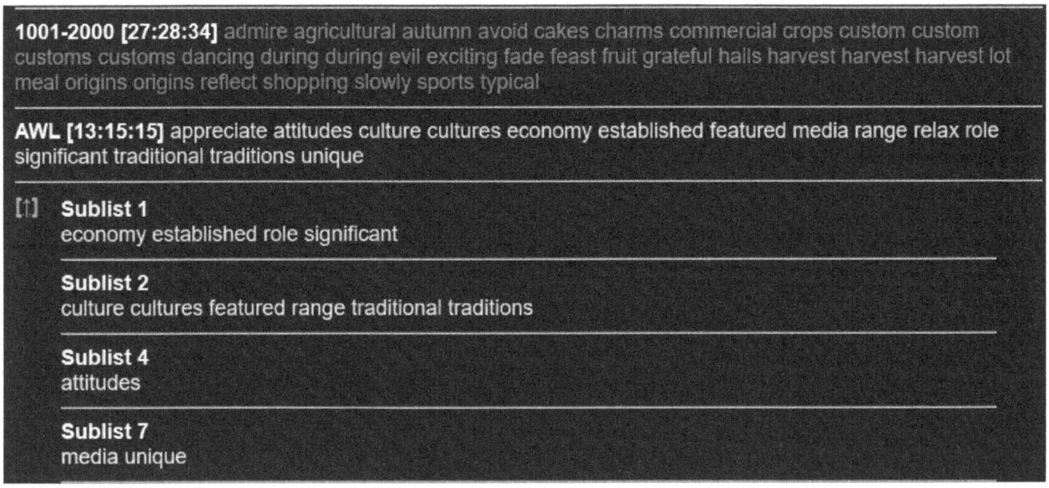

图 3-11　课文中的 K2 词汇和 AWL 词汇

使用VocabProfilers可以对比来自不同水平学生、不同教材等的文本的词汇难度。Laufer和Nation（1995）等研究表明，AWL词表和3个基础词表之外的词表在文本中的占比与文本的难度、学习者语言水平（特别是学习者的词汇水平）关系最为密切。

三、理论依据

（一）词汇知识的维度

Nation和Gu（2019）从形式、意义和用法三个维度定义了词汇知识。如表3-2所示，R代表接受性（receptive）知识，P代表产出性（productive）知识。第一是形式维度，包括发音、书写和单词构成三部分。准确的发音是记忆的前提，若想要阅读或写作，还要记住单词的书写形式，知晓单词的音节构成和构词法信息，这些都能帮助学习者高效掌握单词。例如，unbelievable由un-be-lie-va-ble五部分构成。第二是意义维度，由形式和意义、概念和指示物、联想词语构成。学习者需要将单词的形式和意义关联起来，能够辨识单词的表面意思；另外，学习中还需要将概念及其所指示的实际事物联系在一起，进一步理解和掌握单词；再者，学习者还要能列举单词的近义词、反义词和与其相关的词汇。第三是用法维度，包括语法功能、词语搭配和用法制约三方面。词语有其固定的用法，以difficulty为例，学习者在表达“做某事有（无）困难”时，能使用have (no) difficulty (in) doing sth.。词语有其较为固定的搭配，例如在表达“大雨”时，heavy rain比strong rain更为常见，但是在表达“大风”时，strong wind比heavy wind更为常见。词语的使用也受到环境制约，在写信或是在较为正式的场合表达请求时，一般使用较为正式的“Would it be possible for me to ...?”，而非不正式的“Can I ...?”。

表3-2 词汇知识的维度

形式	发音	R	这个单词听起来像什么？
		P	这个单词怎样发音？
	书写	R	这个单词是什么样子的？
		P	这个单词怎么写和拼写？
	单词构成	R	这个单词中哪些部分是可识别的？
		P	这个单词中需要哪些部分来表达意思？
意义	形式和意义	R	这个单词表示什么意思？
		P	用什么单词来表达这个意思？
	概念和指示物	R	这个概念包括什么？
		P	这个概念指代什么？
	联想词语	R	这个单词让我们想到了什么别的单词？
		P	除了这个单词，我们还能用别的什么单词？
用法	语法功能	R	这个单词以什么形式出现？
		P	以什么方式使用这个单词？
	词语搭配	R	什么单词或什么类型的单词和这个单词一起出现？
		P	什么单词或什么类型的单词必须和这个单词一起使用？
	用法制约	R	何时何地能遇到这个单词？它出现的频率如何？
		P	何时何地能使用这个单词？它被使用的频率如何？

（二）词汇习得和教学理论

语言教学中，以语法为中心进行教学设计的做法有较为悠久的历史。语料库语言学出现以后，尤其是对搭配和词频的研究出现以后，词汇才得到广泛重视。语料库研究表明，使用中的语言大部分是可预测的，某些单词与其他一些单词有较高的概率同时出现；也就是说，和某些单词共现的单词，其范围不仅受到语法的限制，还受到联想习惯的限制。这些联想就是搭配和公式化语言，或者称其为组块（chunks），这些组块体现了语言的惯用性。Lewis（1993）提出了词汇教学法，他认为，语言由语法化的词汇组成，而不是词汇化的语法（Language consists of grammaticalized lexis, not lexicalized grammar.）。换言之，我们的语言运用是一个庞大的单词、短语搭配库，而不是一个待填入词语的语法结构体系。

另外，Willis和Willis（1988）假设语言中出现频率最高的单词能表达其使用得最频繁的意义，因此高频单词的教学大纲就是高频含义的教学大纲，并由此提出了词汇教学大纲。语料库数据不仅显示了哪些单词的出现频率最高，还显示了与这些高频单词共同出现的单词种类和结构。例如，way是英语中最常见的单词之一，经常出现的模式包括：

way + of + -ing: there's no way of knowing; that's one way of putting it

the + way + *n.* + *v.*: that's the way I like it; the way we were

the + way + *adv.*: all the way home; on the way to the forum; no way back

基于高频单词和高频含义的教学大纲对学习者来说，比基于语法结构的教学大纲更有用，因为前者基于实际使用，而非基于语言学理论。

词汇教学法和词汇教学大纲之间有很多共同之处，它们都承认词汇的重要意义，也都质疑词汇和语法之间的传统区别。在它们看来，单词实际上是“小语法”，语法是“大单词”。它们的不同之处在于课堂教学方法。Willis和Willis（1988）提倡任务型教学，因为其词汇教学大纲是基于意义的。Lewis（1993）主张采用更具分析性的、基于文本的方法，即在研究文本中嵌入的语块的类型。后来，第二语言习得中的基于使用的学习理论支持了以上教学法，该理论预测了结构在学习中的作用，其观点是：语言能力与其说是基于语法的，不如说是基于词汇的。虽然在课程设计中词汇教学大纲并没有取代语法教学大纲，但大多数教材比以往更多地关注固定搭配和公式化语言等词汇特征。

四、优质课例示范和理论分析

（一）课例示范

damage和destroy的差异

主讲教师：浙江省富阳中学　蒋巧玲

本课例从多角度对比了damage和destroy的差异。教师指出，以往的词汇学习中，学生对这两个单词了解有限，只知道都翻译成“破坏”，并不了解这两个单词到底和哪些词搭配，缺少直观感受。因此，教师借助COCA帮助学生更好地掌握这两个单词的深层用法。

第一步：比较damage和destroy的语域分布情况。教师通过COCA中的Chart功能，查看这两个单词在不同文体中的分布频数，帮助学生增强对这两个词语的直观感受。她让学生观察图 1[①] 上、下两部分中PER MIL一行的数据，并观察方柱的分布情况，分析damage和destroy的语域分布情况。可以发现，damage在口语、杂志、新闻和学术领域中的使用频率要比destroy高两到三倍。师生做出猜测，“部分受损”（damage）的现象在生活中更为常见，故在新闻、杂志和口语中的使用频率会高于“全部损毁”（destroy）。这样学生就能了解到，一般情况下，damage的使用频率更高。

第二步：使用COCA的Compare功能，比较destroy和damage作动词时与副词的搭配情况。教师让学生对图 2 中的内容进行分析，分析destroy和damage分别与哪些副词搭配，与哪些副词搭配频率较高，特别关注哪些副词是不与这两个动词搭配的。结果发现，只和destroy搭配的副词有largely、finally、entirely等具有“全部”意义的副词；只和damage搭配的副词有extremely、particularly、slightly等表示各类不同程度的副词。这一步对于学生掌握这两个单词的用法来说是更为重要的步骤，说明destroy表示事物被破坏的程度较深，难以恢复，而damage表示事物各类程度的损坏。

第三步：比较destroy和damage作动词时与名词的搭配情况。教师利用COCA的Compare功能继续查询了destroy和damage与名词的搭配情况，并指导学生进行对比，让学生根据图 3 内容，分析destroy和damage分别与哪些名词搭配频率较高，并关注一下这些名词都是属于哪一类别的。destroy的搭配词既包括village、temple和target等有形的、表示实体的词语，也包括civilization等抽象意义的词语；damage则更倾向于与kidney、nerve、eye、skin和organ等表示身体部位的词搭配。

第四步：巩固练习。教师安排了两类练习帮助学生巩固所学的知识：句子填空和句子汉译英。这些句子均来源于语料库，句中保留了destroy和damage使用中的关键标志，例如largely、slightly、temple和kidney等。为了适合学生的水平，教师还进行了一定的加工。

① 本书课例中的图片单独标号。

CHANGE TO VERTICAL CHART / CLICK TO SEE CONTEXT

SECTION	ALL	BLOG	WEB	TV/M	SPOK	FIC	MAG	NEWS	ACAD
FREQ	59394	9056	9349	5057	7845	3914	10015	7406	6752
WORDS (M)	993	128.6	124.3	128.1	126.1	118.3	126.1	121.7	119.8
PER MIL	59.81	70.41	75.24	39.48	62.19	33.08	79.43	60.83	56.37

SEE ALL SUB-SECTIONS AT ONCE

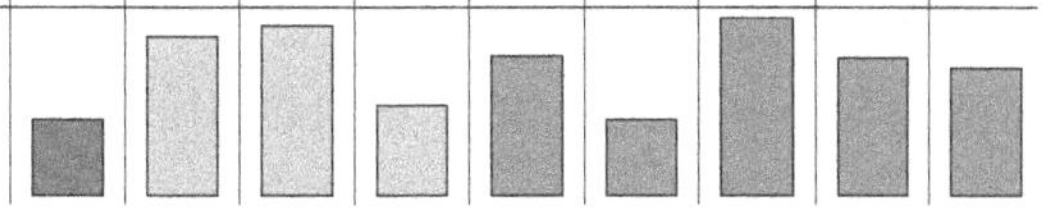

CHANGE TO VERTICAL CHART / CLICK TO SEE CONTEXT

SECTION	ALL	BLOG	WEB	TV/M	SPOK	FIC	MAG	NEWS	ACAD
FREQ	31851	4883	5760	7506	3391	2835	3091	2294	2091
WORDS (M)	993	128.6	124.3	128.1	126.1	118.3	126.1	121.7	119.8
PER MIL	32.07	37.97	46.36	58.61	26.88	23.96	24.51	18.84	17.46

SEE ALL SUB-SECTIONS AT ONCE

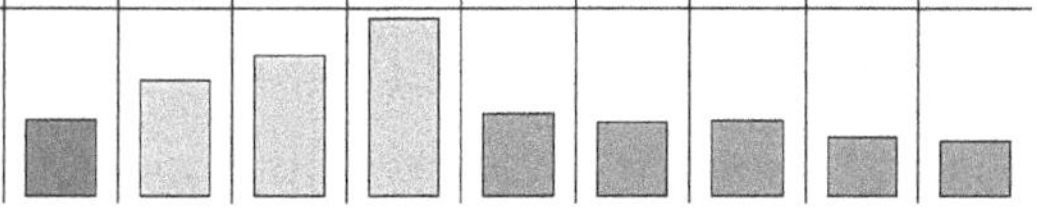

图 1　damage（上）和 destroy（下）语域分布的情况

SEE CONTEXT: CLICK ON NUMBERS (WORD 1 OR 2)　　[HELP...]

SORTED BY RATIO: CHANGE TO FREQUENCY

WORD 1 (W1): **DESTROY** (3.11)

	WORD	W1	W2	W1/W2	SCORE
1	FINALLY	62	0	124.0	39.9
2	UTTERLY	232	2	116.0	37.3
3	LARGELY	49	0	98.0	31.5
4	BUT	97	1	97.0	31.2
5	VIRTUALLY	95	1	95.0	30.5
6	ENTIRELY	41	0	82.0	26.4
7	ESSENTIALLY	59	1	59.0	19.0
8	COMPLETELY	763	13	58.7	18.9
9	SYSTEMATICALLY	112	2	56.0	18.0
10	ALMOST	267	5	53.4	17.2
11	PRACTICALLY	25	0	50.0	16.1
12	TOTALLY	324	7	46.3	14.9

WORD 2 (W2): **DAMAGE** (0.32)

	WORD	W2	W1	W2/W1	SCORE
1	BADLY	631	3	210.3	654.3
2	SEVERELY	577	3	192.3	598.3
3	HEAVILY	297	2	148.5	462.0
4	EXTREMELY	66	0	132.0	410.6
5	PARTICULARLY	62	0	124.0	385.8
6	ESPECIALLY	53	0	106.0	329.8
7	SLIGHTLY	47	0	94.0	292.4
8	SERIOUSLY	295	4	73.8	229.4
9	SIGNIFICANTLY	69	1	69.0	214.7
10	ANY	32	0	64.0	199.1
11	ENOUGH	91	2	45.5	141.5
12	EXTENSIVELY	32	1	32.0	99.5

图 2　destroy 和 damage 作动词时与副词的搭配情况

SEE CONTEXT: CLICK ON NUMBERS (WORD 1 OR 2)　　[HELP...]

SORTED BY RATIO: CHANGE TO FREQUENCY

WORD 1 (W1): **DESTROY** (3.11)

	WORD	W1	W2	W1/W2	SCORE
1	VILLAGE	89	0	178.0	57.2
2	TEMPLE	75	0	150.0	48.2
3	TARGETS	67	0	134.0	43.1
4	EVIDENCE	401	3	133.7	43.0
5	UNIVERSE	58	0	116.0	37.3
6	CIVILIZATION	115	1	115.0	37.0
7	CAPITALISM	53	0	106.0	34.1
8	MISSILES	52	0	104.0	33.4
9	NATIONS	47	0	94.0	30.2
10	JOBS	185	2	92.5	29.7
11	CITIES	86	1	86.0	27.6
12	VILLAGES	41	0	82.0	26.4
13	UNIONS	38	0	76.0	24.4
14	EMBRYOS	74	1	74.0	23.8

WORD 2 (W2): **DAMAGE** (0.32)

	WORD	W2	W1	W2/W1	SCORE
1	GOODS	188	7	26.9	83.5
2	KIDNEYS	38	3	12.7	39.4
3	CONTROL	149	12	12.4	38.6
4	INTERESTS	20	2	10.0	31.1
5	REPORT	69	7	9.9	30.7
6	REPAIR	85	10	8.5	26.4
7	WINDS	23	3	7.7	23.9
8	RELATIONS	66	9	7.3	22.8
9	NERVES	37	6	6.2	19.2
10	BRAND	50	12	4.2	13.0
11	EYES	38	10	3.8	11.8
12	VESSELS	26	7	3.7	11.6
13	SKIN	71	21	3.4	10.5
14	ORGANS	27	8	3.4	10.5

图 3　destroy 和 damage 作动词时与名词的搭配情况

（二）理论分析

第一，在上面的课例中，教师使用语料库分析了 destroy 和 damage 两个单词在不同语域中使用的频率，从实际运用的数据中得出了令人信服的结论，这呼应了前文所说的：语言中出现频率最高的单词能表达其使用得最频繁的意义。出于语义原因，damage在实际生活中使用的频率较高。

第二，教师从这两个单词作动词时与副词和名词搭配的角度，非常直观地展示了这二者在语义方面的差异。搭配是对单词组合使用的限制，destroy和damage作为常用的及物动词，既要考虑能够修饰自身的副词的限制，也要考虑其后使用的作为宾语的名词的限制。

第三，教师在引导学生从实际语料中总结出词汇用法后，马上让学生进行基于教学目标的、难度适宜的练习，巩固所学知识。

一般来说，在词义讲解和近义词对比教学中，教师往往用演绎法，即说出两个或多个单词之间的差异，然后给出语例说明，这种演绎法难以给学生留下深刻的印象，不利于语言习得。反之，教师应让学生基于一定数量的具体语例进行归纳，通过理解和观察得出自己的结论，而不是被动地接受一种已有的说法，这样则更能促进语言习得。在理解和观察的过程中，学生也能发现词汇使用的规律。

五、能力拓展训练

（一）对比lead to和cause所搭配的宾语的语义倾向和语义韵

lead to和cause都可以翻译为汉语中的“导致”，中国学生往往会将其混用，请思考：

（1）lead to和cause可以接哪些宾语？

（2）在COCA中查找lead to和cause的宾语，并进行对比。

（3）lead to和cause后面的宾语在意义上有何规律？ lead to和cause后面的宾语是积极的还是消极的？

（二）检索英语中“心跳”的表达

在记叙文写作中，一般使用beat表达“心跳”，例如“My heart is beating fast.”。但是，如果频繁使用该词，就会显得单调。那么，还有哪些词表达同样的意思呢？可以运用以下几种方式查找：

（1）在SKELL语料库的Word Sketch处查找heart的谓语动词；

（2）在COCA中键入“=beat”检索beat的同义词和近义词；

（3）在COCA的Collocates部分检索heart的动词搭配。

六、研究能力培养

（一）区分近义词actually、genuinely、really和truly

阅读下面的摘要，注意画线部分。

Actually, genuinely, really, and truly:

A corpus-based behavioral profile study of near-synonymous adverbs

Dilin Liu, Maggie Espino

Using the 400+ million-word Corpus of Contemporary American English (COCA) as data and a behavioral profile analysis approach, this study examines the semantic and usage differences among *actually*, *genuinely*, *really* and *truly*, four near-synonymous adverbs notorious for their complex functional and syntactic usage patterns. In addition to examining the collocates of the adverbs (i.e. the common types of adjectives/verbs they each modify), the study also investigated the positions the adverbs typically occupy in the sentence structure and their functional implications. The data analysis yields an informative delineation of the internal semantic structure of the synonym set, which includes some interesting new findings compared with existing descriptions of the adverbs. The results also show the need for the BP [behavioral profile] approach to go beyond collocational analysis in the study of synonymous adverbs. Finally, the study also demonstrates the viability of a corpus-based BP approach in the study of synonymous adverbs.

Liu, D. & Espino, M. Actually, genuinely, really, and truly: A corpus-based behavioral profile study of near-synonymous adverbs. *International Journal of Corpus Linguistics*, 2012, 17(2): 198-228.

◎思考：

(1) What are the near-synonymous words which are difficult for you to distinguish?

(2) What is corpus-based behavioral profile approach?

(3) Use the corpus-based behavioral profile approach to study the differences between the near-synonymous words.

（二）搭配和词块的有用性研究

阅读下面的摘要，注意画线部分。

Investigating the usefulness of lexical phrases in contemporary coursebooks

Mark Koprowski

Over the past decade, lexical theory, corpus statistics, and psycholinguistic research have pointed to the pedagogical value of lexical phrases. In response, commercial publishers have been quick to import these insights into their materials in a bid to accommodate consumers and to profit from the "lexical chunk" phenomenon. Contemporary British coursebooks now routinely offer a generous and diverse mix of multi-word lexical items: collocations, compounds, idioms, phrasal verbs, binomials, fixed and semi-fixed expressions. But while designers have been enthusiastic about adding chunks to the syllabus, the process of selecting items has been highly subjective and conducted without reference to corpus data. By analyzing the usefulness of lexical phrases in three contemporary coursebooks, this paper offers a lexical profile of the items specified for each course. It is shown that nearly a quarter of the multi-word lexical items specified may be of limited pedagogic value to learners.

Koprowski, M. Investigating the usefulness of lexical phrases in contemporary coursebooks. *ELT Journal*, 2005, 59(4): 322-332.

◎思考：

(1) What do the underlined terms mean?

(2) What method is adopted in analyzing the usefulness of the lexical chunks in this article?

(3) Analyze the usefulness of the lexical chunks in the newly-published *Senior High School English* coursebooks.

参考文献

何安平. 语料库辅助英语教学入门. 北京：外语教学与研究出版社，2017.

梁茂成，李文中，许家金. 语料库应用教程. 北京：外语教学与研究出版社，2010.

Baisa, V. & Suchomel, V. SKELL: Web interface for English language learning. Eighth

Workshop on Recent Advances in Slavonic Natural Language Processing. Karlova Studánka, Czech Republic, Dec 5–7, 2014.

Koprowski, M. Investigating the usefulness of lexical phrases in contemporary coursebooks. *ELT Journal,* 2005, 59(4): 322-332.

Laufer, B. & Nation, P. Vocabulary size and use: Lexical richness in L2 written production. *Applied Linguistics*, 1995, 16(3): 307-322.

Lewis, M. *The Lexical Approach*. London: Language Teaching Publications, 1993.

Liu, D. & Espino, M. Actually, genuinely, really, and truly: A corpus-based behavioral profile study of near-synonymous adverbs. *International Journal of Corpus Linguistics*, 2012, 17(2): 198-228.

Nation, P. & Gu, Y. *Teaching and Learning Vocabulary in EFL*. Beijing: Foreign Language Teaching and Research Press, 2019.

O'Keeffe, A. & McCarthy, M. *The Routledge Handbook of Corpus Linguistics*. London: Routledge, 2010.

Timmis, I. *Corpus Linguistics for ELT: Research and Practice*. London: Routledge, 2015.

Willis, J. & Willis, D. *Collins COBUILD English Course*. London: Collins, 1988.

第四单元

语料库与英语语法教学

一、问题导入

语法是语言结构（短语结构和句子结构）及语言单位（单词、短语等）在该语言中组合成句的方式（Richards & Schmidt, 2012）。语料库能够帮助学生学习语法，为教材编写或课堂教学提供海量例句，为语法练习和测试提供大量材料，纠正学生的顽固性错误，让学生从真实的语料中总结归纳，从而为正确使用语法打下认知基础。

但是，一般来说，从语料库中得到的语料并不能直接使用，需要对其进行教学加工（pedagogic processing/mediation）（何安平，2010）。这是一个将大型语料库的语料、调查结果乃至语料库技术转化为有利于实现日常语言教学目标的学习资源和教学手段的加工过程。该过程有两个层面：一是对语料库作为教学资源的加工；二是对语料库作为教学手段的加工。前者包括如何让语料库走进语言教学大纲设置、教材编写、教学活动设计；后者侧重语料库辅助课堂教学的技术和教学效果评估等（何安平，2017）。

教学过程中，学生在描写先后发生的动作时，经常尝试no sooner...than结构，但是总会出现各种错误，下面就是典型错误之一：

No sooner she saw Tom than did she burst into tears. *[①]

初步分析结果表明，该句的问题在于：（1）倒装的位置错误，no sooner后部分倒装，主句不倒装；（2）时态错误，no sooner后一般为过去完成时。对于因为尝试高级结构而出现错误的情形，当前的评分标准一般是以鼓励为主，并不扣分，但是，错误的出现肯定会影响写作质量和评价者对等级的判断。所以，教师会集中解决此类问题，解决方式一般都是“阅读例文——指出错误——师生改正”，改错过程中会结合来自词典或参考书的例句，但是这种纠错方式效率不高，学生还是有可能再犯此类错误。另

① 星号表明句子有误。

外，例句常常来自《牛津高阶英汉双解词典》《朗文当代高级英语辞典》和《新英汉词典》等常用词典，但是这些工具书提供的例句数量有限，且部分词典中的例句并非倒装形式，不太典型。

二、解决方案

本部分提出了以下四个方面的解决方案：（1）使用网络语料库查找和加工语料；（2）分析索引行的技巧；（3）通过词频计数对比单词的用法差异（以must为例）；（4）使用正则表达式检索语法结构。

（一）使用网络语料库查找和加工语料

教师查阅了SKELL语料库，操作步骤如下：

第一步：进入SKELL语料库，键入no sooner，点击Examples（见图4-1）。

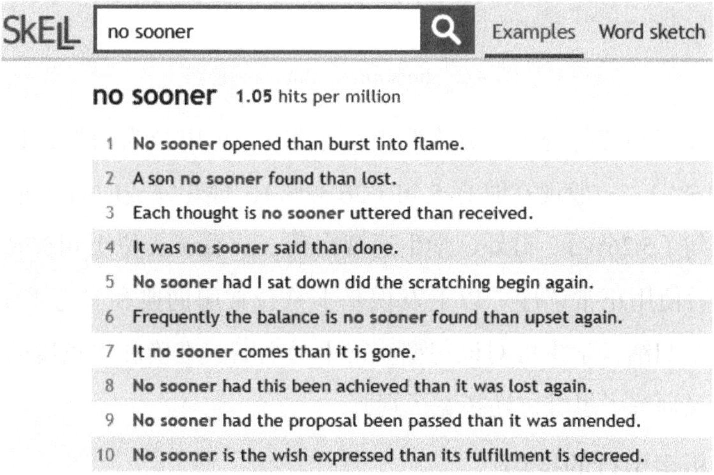

图 4-1　SKELL 语料库中 no sooner 的检索结果

第二步：复制40个含有no sooner...than的完整例句。

第三步：语料加工。删除内容不符合教学目标、不符合有关法规的句子后，共获得19个包含no sooner...than的句子，并且这些句子的意思都是"一……就……"，强调动作前后发生的即刻性。上课时教师让学生分组讨论，将这些含有no sooner...than的例句按照sooner后面倒装与否、时态种类和助动词种类的标准分类，同时观察than后面的语序和动词形式。

第四步：使用AntConc的索引行凸显分类结果（见图4-2）。

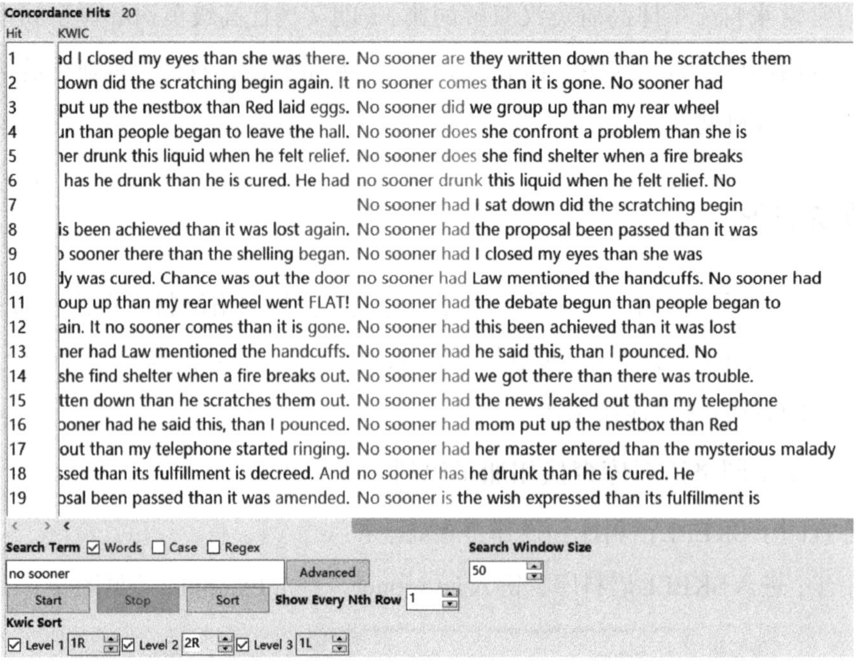

图 4-2 no sooner...than 索引行

这批例句按照倒装与否可以分成两类；按照时态可以分为四类，其中过去完成时有 12 句（63.16%），一般现在时有 5 句（26.32%），现在完成时有 1 句（5.26%），一般过去时有 1 句（5.26%）。另外，学生还观察到，no sooner位于句首时，其后使用倒装语序，than后使用正常语序。以上发现基本符合常用词典和参考书中的典型讲解。通过这样的总结归纳，学生可对该句型获得更为全面、准确和多角度的理解，既获得了语言知识，又训练了思维，还拓宽了视野。

（二）分析索引行的技巧

学习语料库肯定要遇到“索引行”这个术语。它也被称为语境中的关键词（key word in context，KWIC），指的是利用检索功能，将某词语及其在文本中的语境一同逐行呈现出来，如图 4-2 和图 4-3 所示。在前面的例子中，检索短语no sooner固定在中心位置，两旁是短语出现的语境。索引行是语料库辅助语言教学中的重要工具，Sinclair（2003）用一本书的篇幅、以案例的形式阐述了如何分析索引行。他建议以 30 行为单位就索引行进行分析，直到搜索词没有新的用法出现为止。对于中小学英语教学而言，教师和学生分析 30 行已经足够。另外，还要注意，索引行中尽量不要出现生词，以免阅读困难干扰学生对语言形式的分析，这就要求教师使用学习者语料库或者教材语料库。在语法方面，Sinclair（2003）还专门分析了as...as结构。在此，我们使用SHER-RJB、SHER-BSD[①]、SHER-WYS语料库，借助AntConc，检索as * as，提取前30行，结果如图4-3所示。

1	ble black substance that looked and smelled about	as appetizing as a burnt tennis shoe. Maybe I'
2	has a computer with a special screen, almost	as big as a cinema screen. The teachers write
3	took very long, as the spoons were almost	as large as the bowls. When they had cleaned
4	of the city go out of date almost	as soon as they are published! A street that
5	rnment, where politicians, ministers, ambassadors	as well as more humble pedestrians walked home at
6	owly, the Paralympics are becoming as popular and	as famous as the Olympic stars. [WYSB5U6T1]
7	, the mosquitoes need to be much older, and	as far as we know, mosquitoes that old do
8	The possibilities for the future are endless and	as long as people remain interested, we will keep
9	a strong-minded man, sir, shrewd, practical and	as unimaginative as I am. Yet he took this
10	, and three at the 1984 Olympics in Los Angeles (	as well as two silver and a bronze). Li
11	. He is remembered today for his many aphorisms,	as well as for his more serious works. Nominated
12	most big lakes. None of these monsters are	as famous as Nessie who lives in Loch Ness
13	job wasn't easy. Every year, there are	as many as 30,000 applicants competing for 150 jobs but I
14	or Victorian readers. Today detective stories are	as popular as ever. (d) It seems that the
15	to look as real as possible and are	as tall as most soldiers today. In the half
16	nce 1949. In Qongkurqak, the worst affected area,	as many as 240 people died and over 600 were injured.
17	then it's polite to embarrass the asker	as little as possible - they were probably only making
18	of our beds. We tried to stay awake	as long as possible to see Father Christmas but
19	me has today been forgotten -- Joseph Bazalgette.	As well as designing three of London's bridges,
20	e life expectancy in developed countries could be	as high as 101 by 2070. Why are we lasting so
21	on Earth. Scientists say that there would be	as many as 15 million different species. Sadly, many species
22	would come from above that we'd be	as wet as if we'd showered with our
23	is that the motion picture community has been	as responsible as any for degrading the Indian, describing
24	advice is that he should buy a bicycles	as soon as he can. Bikes are very useful
25	tourism. These problems can damage old buildings	as well as the natural environment. In 2006, there were 34
26	ankers went to coffeehouses to do their business,	as well as to drink coffee. In fact, the
27	to cheat! They are both good students but	as far as I know, one of them had
28	and couldn't see my ugly body. But	as soon as his children returned, they screamed and
29	shoes on land, the oars stay hidden, but	as soon as you step onto water, the oars
30	school bag behind him and looking bored, but	as soon as I set up an experiment to

图 4-3 as...as 索引行

下面是分析步骤：

第一步：观察as...as之间的词，记录下出现两次及以上的词的频率。观察的结果如表4-1所示。

表 4-1 as...as 词串和频率

词串	频率	词串	频率
as well as	6	as far as	2
as soon as	5	as long as	2
as many as	3	as famous as	2

第二步：观察这些as...as词串中习语的数量。习语除了一般意义外，还有其习语意义，例如，as well as一般意为“和……一样好”，例如“She doesn't play as well as her sister.”，但是其习语意义是in addition to，例如“They sell books as well as

① 指北师大高中英语教材语料库。

newspapers."。通过观察可以发现，所有的as well as、as soon as、as far as和as long as（频率为1）都表现为习语意义，共14个，占比为70.00%。其中，另一个as long as指的是时间足够长，并非其习语意义"只要"。

第三步：分析那些没有习语意义的组合。A as X as B大多表示A与B在X方面非常相似，例如图4-3中的"...the spoons were almost as large as the bowls"，说话人认为勺子和碗的尺寸大小相同。剩余的大部分句子中，as只充当了加强词的作用，例如"We tried to stay awake as long as possible to see Father Christmas ..."中，awake as long as possible并不表示对比，而是表示"醒着的时间尽可能地长"。

第四步：观察第一个as左边的词，看是否有较为固定的搭配。从图4-3中可以发现，唯一可以和A as X as B形成较为固定的搭配的是almost，表示A和B在X方面相似的程度之高。

到这里，我们可以总结一下as...as结构的用法。第一是其作为习语的用法，如as well as；第二是其对比的用法，如as famous as；第三是其作为程度词表示强化的用法，如as long as possible；第四，almost as...as是常见的组合。

在Sinclair（2003）的分析中，about as...as也是常见的组合，经常表示反讽之意，图4-3中的第1行表达的其实就是这个意思，讽刺中国的臭豆腐和烧焦的球鞋味道无异。

总的来看，Sinclair（2003）的分析框架较为深入和完善，可以帮助学习者在丰富真实的语料中分析语例，并在分析的过程中得到对于某个语言现象较为完整的概括。

（三）通过词频计数对比单词的用法差异（以must为例）

词频计数，简称"频数"，是一个语言项目在文本或语料库中出现的次数，通常用于语言教学中的词语选择，助力词典编纂、文学风格研究和语言学研究。一项美国书面英语的研究发现，包含超过100万个单词的语料库中最常出现的20个单词是the、of、and、to、a、in、that、is、was、he、for、it、with、as、his、on、be、at、by、I。一些研究人员假设，语言项目的习得顺序由其输入频数决定（Richards & Schmidt，2012）。

在语料库语言学中，研究者经常比较母语者和非母语者在某些语言项目使用方面的差异，来发现第二语言习得和语言教学中的规律。以下示例是对母语者和非母语者must使用的比较，具体参见图4-4和图4-5中的频数。母语者大多在must之后使用be

（85 次）和 have（32 次）来表达对逻辑上非常可能会发生的事情的看法。换句话说，通过使用 must，母语者主要在猜测某些事情是真的还是已经发生了。

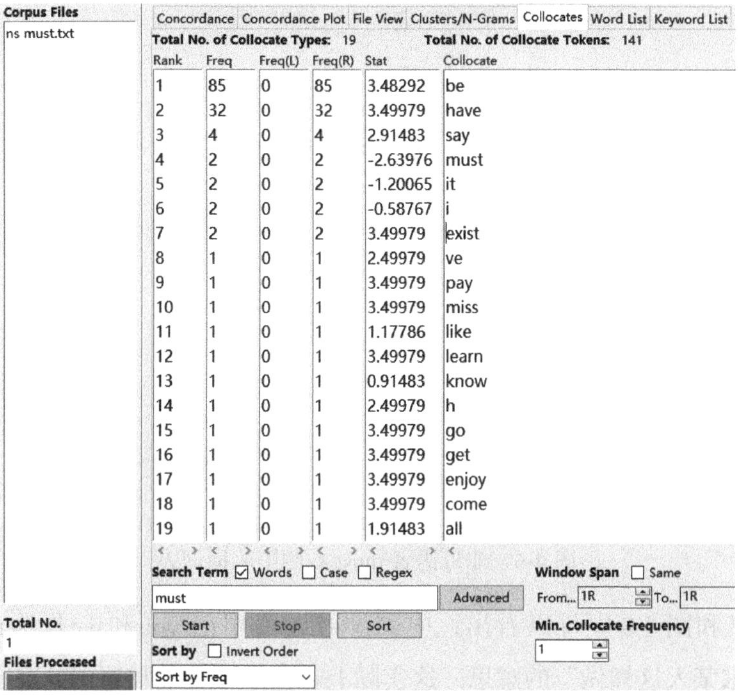

图 4-4　母语者 must 右侧第一词词表

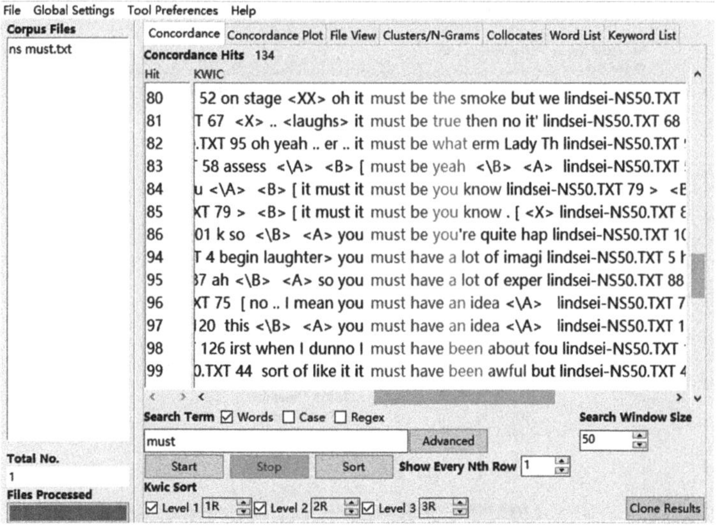

图 4-5　母语者 must 右侧第一词例句

相比之下，中国学习者在 must 之后只使用了 17 次 be 和 3 次 have，他们大多使用 do、stand、pay 等动词（见图 4-6）。这表达了一种因法律、规则或必要性而产生的义务感，反映了比must be和must have done更强硬的立场。

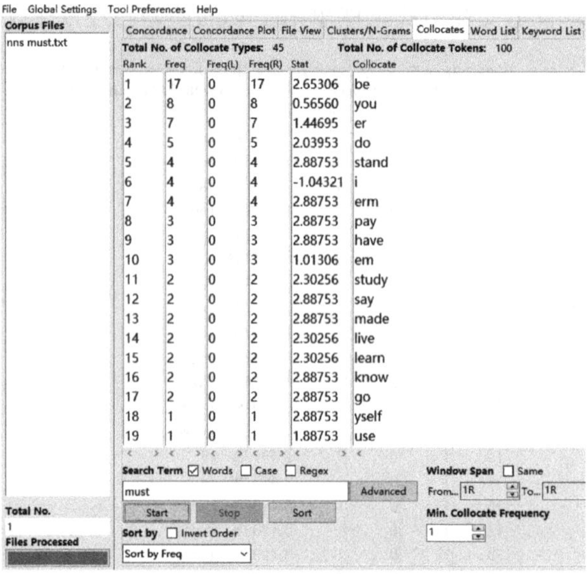

图 4-6　非母语者 must 右侧第一词词表

从图 4-7 和图 4-8 中可以看出，中国学习者使用I、you和we作为must的主语，表达了“要求某人这样做”的意思。这实际上表达了一种咄咄逼人的态度，尽管说话者可能并不是这个意思。相反，母语者经常使用it和that作为must的主语，其典型结构是it must be和it must have been/done，这反映了一种语气较弱的客观判断。

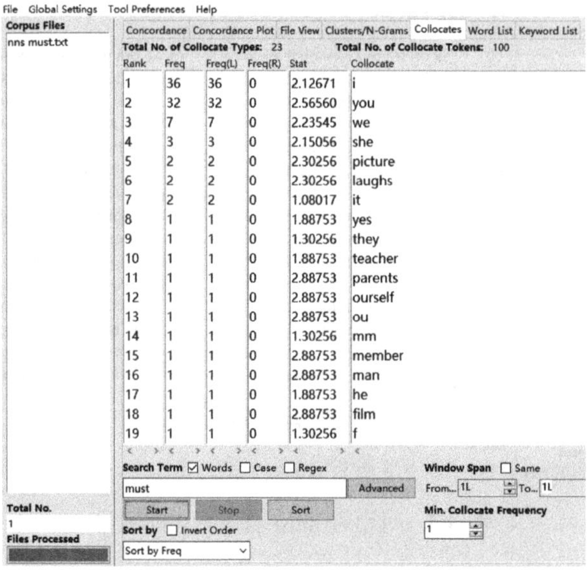

图 4-7　非母语者 must 左侧第一词词表

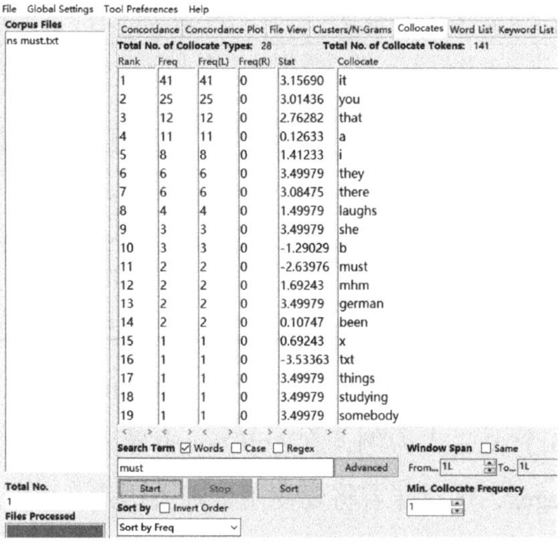

图 4-8　母语者 must 左侧第一词词表

（四）使用正则表达式检索语法结构

正则表达式（regular expression）是一种用来描述字符串规律的表达式，可以匹配文本中各类形式上具有一定规律的字符串，如词、短语等。如果使用得当，正则表达式可以用为数不多的几个符号来匹配文本中形式上存在规律性的许多语言单位，因而在语料库检索中被广为使用（梁茂成，2016）。表 4-2 列举了语料库检索中常用的正则表达式。

表 4-2　语料库检索中常用的正则表达式

序号	符号		含义	举例或说明
1	基本符号	.	任何字符或非字符	b.t 匹配 bat、bbt、bit、b t 等
2		\w	任何字母、数字或下画线	b\wt 匹配 bat、bbt、b2t 等
3		\W	任何非字母或非数字	b\Wt 匹配 b.t、b-t、b't、b t 等
4		\s	空格	a\sbit 匹配 a bit
5		\S	非空格	除空格之外的任何字符或非字符
6		\b	字母、数字或下画线的边界	\bbit\b 匹配 bit，不匹配 bits
7	计量符号	?	有或者无（重复 0 次或者 1 次）	top? 匹配 to、top、p 重复 0 次或 1 次
8		+	重复 1 次或更多	to+ 匹配 to 或 too，o 重复了 1 次或多次
9		*	重复 0 次或更多	to* 匹配 t 或 too，o 重复了 0 次或多次
10		{m,n}	重复 m 至 n 次	\b\w{3,5}\b 匹配 3-5 个字母或数字
11	逻辑符号	( )	作为一个整体	(am|is|are|was|were|been) 作为 be 动词的整体
12		[ ]	取值范围	[a-f] 匹配 a-f 的任意字母
13		|	或者	act(s|ed|ing)? 匹配 acted、act、acts、acting

续表

序号	符号		含义	举例或说明
14	扩展组合符号	\w+	一个及以上字母、数字及组合	analy\w+ 匹配 analyze 的所有屈折及派生词
15		\S+	一个及以上连续的非空格	文本中所有可见的连续字符串
16		a(?!b)	a（后的一个字母不是 b）	because\(?!\sof) 匹配后不接 of 的 because
17		(?<!a)b	b（前一个字母不是 a）	(?<!,\s)which 匹配前边成分不是逗号和空格的 which
18		.*?	任何字符串	文本中任何可见及不可见字符

了解这些正则表达式最好的方式，就是通过AntConc等可以使用正则表达式的软件。以表 4-2 中第 16 个表达式为例，在AntConc中导入语料库，点击Concordance，注意不要忘记勾选Regex，这意味着将要使用正则表达式，再键入“because(?!\sof)”。搜索结果如图 4-9 所示，共有 286 个后不接of的because语例。

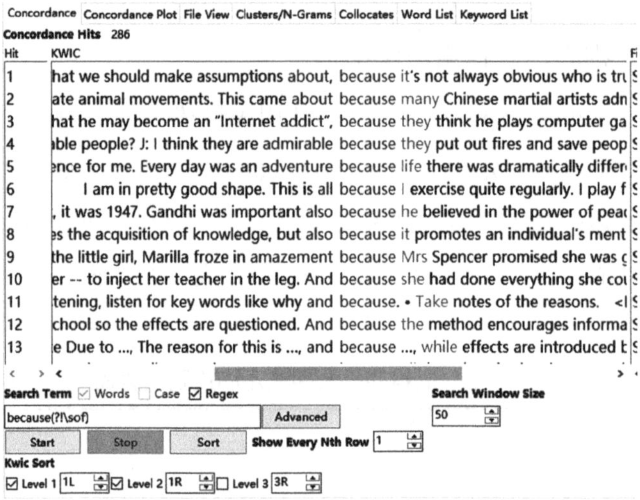

图 4-9 正则表达式 because(?!\sof) 搜索结果

假如要制作一份被动语态的练习题，又要求练习题的词汇难度在新课标的范围之内，那么，我们就考虑运用SET-RJB语料库。先看下面的正则表达式：

\b(am|is|are|was|were)\b\s\w+ed\b

被动语态中的am、is、are、was、were被竖直线隔开，竖直线表示“或者”，意为其中之一即可，被括弧括起来，意味着这是一个整体，两边的“\b”表示边界。这个表达式中间的“\s”表示空格，也可以直接打出空格。后面的“\w+”表示一个及以上字母、数字及组合，也就是表示一个词，“ed”是过去分词的标志，最后的“\b”表示边界。检索结果如图 4-10 所示。

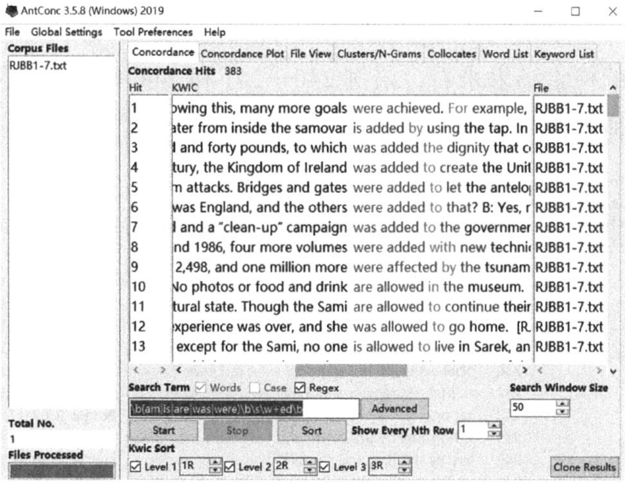

图 4-10　正则表达式 \b(am|is|are|was|were)\b\s\w+ed\b 的检索结果

图 4-10 显示，共检索到 383 个语例，足够用来编写练习题。但是，所有的语例都是“be+过去分词”这一形式，缺少be动词和过去分词之间包含词语的语例，例如was badly needed。于是我们在这个正则表达式中间再加上“(\w+)”，即：

\b(am|is|are|was|were)\b\s(\w+)\w+ed\b

再次将修正过的正则表达式键入搜索框，检索结果如图 4-11 所示，共搜索出 183 个语例。

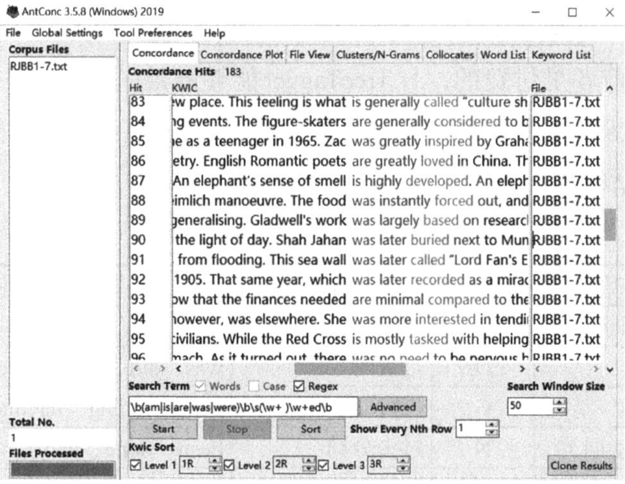

图 4-11　正则表达式 \b(am|is|are|was|were)\b\s(\w+)\w+ed\b 的检索结果

但是，从图 4-11 中可以观察出，原来的“be+过去分词”形式又消失了。这时，需要在“(\w+)”之后再加上一个符号“?”，表示重复 0 次或 1 次。其正则表达式为：

\b(am|is|are|was|were)\b\s(\w+)?\w+ed\b

从图 4-12 中的检索结果来看，语例 240—241 和 244 的中间都含有副词，分别是 finally 和 first，其他不含副词的语例也保留了下来。

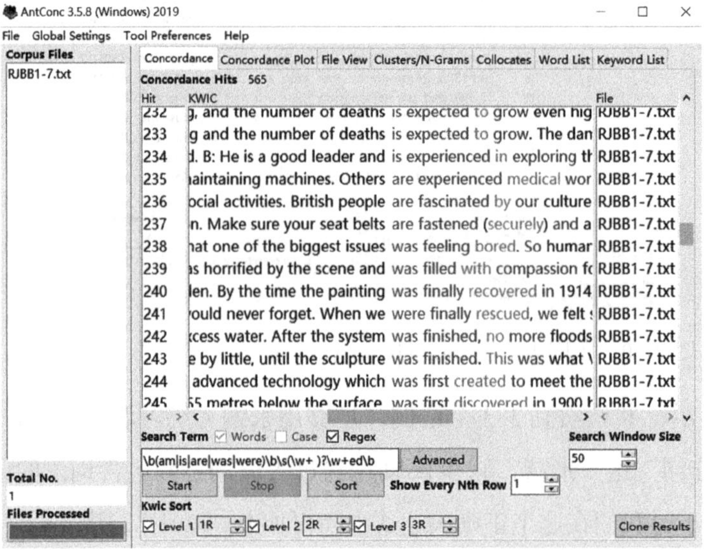

图 4-12 正则表达式 \b(am|is|are|was|were)\b\s(\w+)?\w+ed\b 的检索结果

然而，我们仍然不满足于检索到“v.+ed”形式的过去分词，因为中国学生更容易犯错误的是那些不规则的过去分词，例如 teach 的过去分词 taught。此时，我们需要已添加词性编码的语料库，常见的编码有两种，分别是 CLAWS 词性赋码和 TreeTagger 词性赋码。由于前者是付费的，且 TreeTagger 能够满足一般需求，故本书采用的是 TreeTagger 词性赋码（词性赋码的具体介绍见第七单元）。下面我们根据表 4-3 简单地学习一下赋码的结构及含义。

表 4-3 赋码的结构及含义

第 1 码	第 2 码	第 3 码	第 3 码的含义	语例
动词	B（be 动词）	空		
	D（do）	D	过去时	was、did、had、gave、lived
	H（have）	G	进行时	being、doing、having、giving
	V（实意动词）	N	过去分词	been、done、had、given、shown
		Z	第三人称单数	is、does、has、gives、lives
	M（情态动词）	D	情态动词	may、can、could、must、would
		P	现在时态	am、are、do、have、live

假如想让学生注意记叙文中过去式的用法，原来采用的方法是将规则的过去式

用*ed表示，然后将文章中出现的不规则动词用竖直线隔开，放在一起搜索，例如*ed|left|taught|would|made。这种搜索方式在文章较短的时候可行，如果文章较长，含有太多不规则动词过去式，这种方法就会变得难以操作。有了词性赋码，我们就可以用以下正则表达式搜索：VBD|VDD|VHD|VD|VMD。搜索结果见图 4-13。

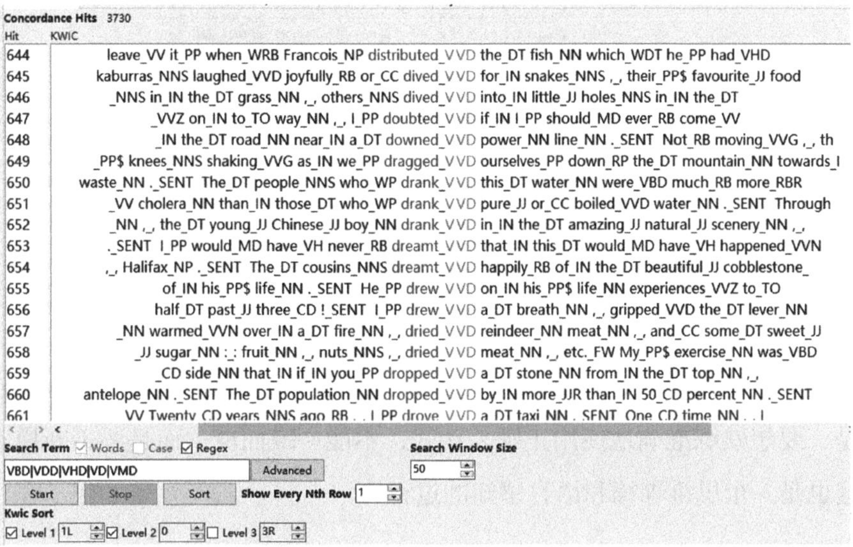

图 4-13　正则表达式 VBD|VDD|VHD|VD|VMD 的检索结果

在学习并熟悉了词性赋码之后，我们就可以编写出以下正则表达式：

\S+_VB\w*\s(\S+_R\w*\s)*\S+_VVN\s

在该正则表达式中，“\S+”代表任意一个单词，下画线“_”引出词性赋码“VB”，“VB”代表动词赋码，表示be动词原形。“V”后添加的字母将动词进一步细分成多个种类（见表 4-3），第 3 个字母除“B”之外还可能是“D”“G”“N”“Z”等。这里，be动词的形式除了原有的am、is、are、was、were，还包括been、being等形式，因而用“\w*”代表任意一个字母。“(\S+_R\w*\s)*”代表任意 0 个或多个副词，其中“R\w*”代表任意一种副词。括弧外的“*”表示该副词可以是 0 个，也可以是任意多个。“\S+_VVN\s”表示动词的过去分词。使用包含词性赋码的正则表达式再次检索，其结果如图 4-14 所示，共匹配到 1067 个相关表达，其中不仅包含了以-ed结尾的过去式，还包含了made这类不规则动词的过去式，以及“The samovar was then proudly placed in her main room.”这类be动词和过去分词之间有两个副词的语例。

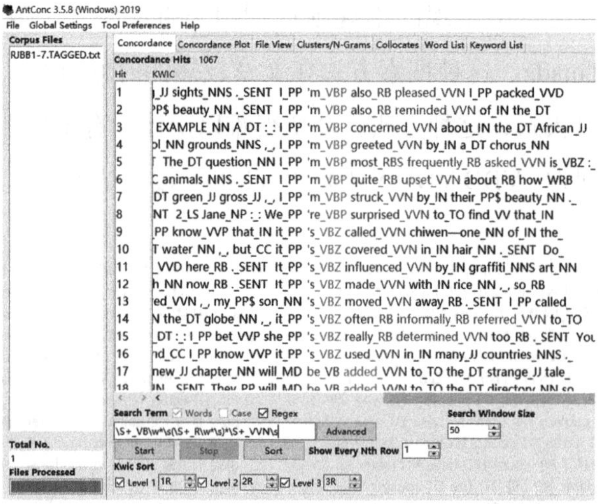

图 4-14　正则表达式 \S+_VB\w*\s(\S+_R\w*\s)*\S+_VVN\s 的检索结果

使用正则表达式的好处显而易见——我们可以精准全面地搜索节点词语或语法现象。但是，要想熟练准确地使用正则表达式，不能一蹴而就，而是要不断摸索，不断完善，这也是一个思维训练和语言感知的过程。

三、理论依据

（一）三维语法理论

Larsen-Freeman（2005）提出了三维语法框架，三维指的是形式、意义和语用，如图 4-15 所示。她把形态子系统和句法子系统作为一种资源，用于在上下文中产出意义。在语法教学中，不能只注重语法形式的准确性，还要注意语法的意义和使用。

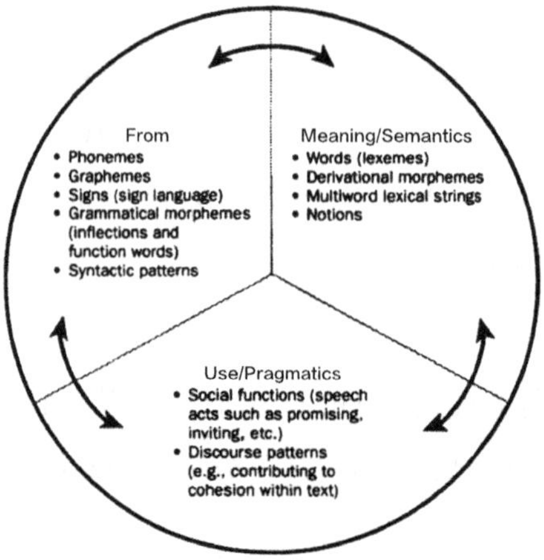

图 4-15　三维语法示意

第一个维度是形式，这部分由可见到的或可听到的单位组成，包括语音、词形、语法形态（屈折变化和虚词）、句法结构。第二个维度是意义，这里的意义指的是脱离语境的词的基本含义，换言之，即从词典中查到的某个单词的解释。第三个维度是语用，语用不是语言本身的意义，而是人们所使用的语言的含义。这个维度旨在表达语言的社会功能（如承诺、邀请、同意、不同意和道歉等）或增强语篇衔接性。例如，在教室里，有的学生说it's cold here，并不是真的说教室气温低，可能是请求关掉空调，这就是语言的社会功能。在语篇衔接方面，请看下面这道选择题：

Some of the Olympic athletes from the smaller countries, such as R. O. Korea and Romania, were truly remarkable. In fact, ____.

(a) the Romanians won three gold medals in gymnastics.

(b) three gold medals in gymnastics were won by Romanians.

答案(a) 更恰当，因为前一句的主语是athletes，是已知的执行者，是后面一句的自然主语。这也说明，主动句可以转换为被动句，但两种形式的强调重点不同，在不同语境下，要注意和上下文保持衔接顺畅。

另外，以there be句型为例：（1）形式：there在主语位置，经常接be动词，逻辑主语跟在动词后，决定be的单复数，逻辑主语后经常跟介词短语。（2）意义：表存在和位置。（3）语用：在句子末尾引出新信息。本单元的教学案例就是以there be句型为例展示如何利用语料库辅助语法教学的。

（二）型式语法

大量基于语料库的研究表明，语法（grammar）或句法（syntax）和词汇之间的关系比人们传统上认为的更密切。

型式语法是一种保持了语法描述的概括化特征，同时优先考虑单个词语行为的语言研究方法（Hunston & Francis，1999），这可以通过以下型式错误来说明：

Teachers **discourage students to try** to use the target language to express their own ideas.*

discourage不与这个型式一起使用，尽管它的反义词encourage可以使用encourage sb. to do sth.这一结构。正确的型式是"*v.* + *n.* + from + -ing"，所以这个短语应该是discourage students from doing sth.。教师可以指出，discourage在意义上类似于stop和prevent，它们与discourage有着相同的型式。

为了进一步探索这类型式，教师可以在COCA的搜索框中输入"VERB PRON

from _v?g”，点击Find matching strings（见图4-16）。为了获得更多应用该型式语法结构的动词，我们将HITS设置为2000。图4-17展示了部分结果。

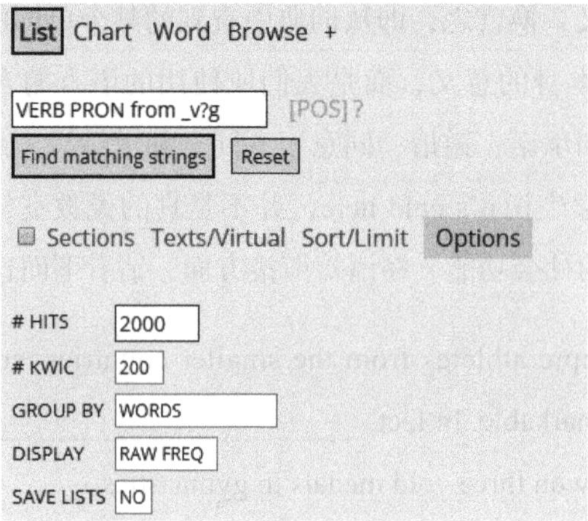

图4-16　COCA检索VERB PRON from _v?g

HELP		CONTEXT ALL FORMS (SAMPLE): 100 200 500	FREQ
1		KEEP YOU FROM GETTING	145
2		PREVENT THEM FROM BEING	119
3		KEEP THEM FROM BEING	103
4		KEEP THEM FROM GETTING	99
5		KEEP IT FROM BEING	97
6		STOP THEM FROM DOING	93
7		PREVENT IT FROM BEING	90
8		PREVENT IT FROM HAPPENING	90
9		KEEP IT FROM GETTING	83
10		STOP ME FROM DOING	79
11		STOP YOU FROM DOING	78
12		KEEP HIM FROM BEING	67
13		KEEP HIM FROM GETTING	67
14		PREVENT THEM FROM GETTING	63
15		KEEP YOU FROM BEING	61

图4-17　VERB PRON from _v?g的检索结果（部分）

除了keep、prevent和stop，我们还搜索到了ban、bar、block、deter、disqualify、dissuade、distract、excuse、exempt、forbid、free、help、hinder、hold、impede、inhibit、prohibit、protect、restrain、save、spare等单词。教师可以指导学生将这些词语进行分类：

（1）法律、规则或惯例不允许做某事：ban、bar、block、deter、disqualify、forbid、prohibit；

（2）因为他人或外部因素的影响，一个人不能做某事：discourage、dissuade、distract、excuse、exempt、impede、inhibit、keep、prevent、protect、stop；

（3）不需要做某事：free、save、spare；

（4）尽量不要自己做某事：help、hold、restrain。

（三）语法教学中语料库的使用

在语法教学中，PPP英语教学模式（简称“PPP模式”）是经典的教学设计模式。PPP模式由呈现（presentation）、练习（practice）、产出（production）三个阶段构成。第一阶段是向学习者呈现一个新的语言项目的阶段，通常是语法结构，第二阶段是控制程度逐渐降低的练习活动，第三阶段是一个更自由的产出阶段。本部分主要介绍PPP模式中的呈现和意识提升（conscicusness raising）两个理论。语法结构的呈现可以是演绎的，也可以是归纳的。前者以规则的陈述开始，然后是示例；后者让学习者从示例中归纳语言规律。呈现旨在使语言形式（如must作为情态动词）与意义（如must表示义务）相匹配。因此，使用的示例要与学习者有紧密联系。呈现阶段中的示例可以通过视觉辅助展现，也可以通过模仿和手势展现，还可以将示例置于文本或某个情境中，在具体语境中产出足够多的示例，来确保学习者能感受到规则或语法结构的关键特征。呈现通常包括一些环节，例如检查学习者对演示文稿的理解程度，这可以通过对规则进行明确的陈述、引出更多的示例、要求学习者对新语法项目进行个性化处理、要求学生将例句翻译成母语来实现。语法呈现的价值一直受到学界的质疑，在部分学者看来，语言学习者似乎不是在学习他们所学的东西，而是在学习他们立即需要的东西，或者他们在交流时已经为发展做好了准备，或者他们已经得到了反馈。这表明，如果要呈现语法项目，应该做到数量少、难度小，以便有更多的时间进行练习和产出。总结以上描述，语料库辅助语法教学呈现阶段需要注意以下三方面：呈现与学生紧密相连的例句，例句要数量少、难度小，使用归纳法。

意识提升理论进一步为语料库辅助语法教学提供了理论指引和支持。意识提升是认知学习理论的术语，指帮助学习者意识到或了解其所学语言的特点。该理论认为，有意识的心理操作在学习中起着核心作用，学习者要想吸收（intake）某些语法特征，首先需要注意到输入（input）的特征。例如，学习者需要注意规则动词的过去式词尾是-ed，才能更好地掌握动词过去式。教师促进意识提升的方法包括：使例句中的某些语法特征更加突出；要求学习者从实例中推断规则（归纳学习）；要求学习者在学习中将自己的输出与高水平学习者的输出进行比较；等等。意识提升理论强调归纳学习的重要性，并提出了强化例句语法特征的观点。

请看图4-18所示的被动语态教学语例，教师从SET-RJB语料库中挑选了10个例句，难度适合高中学生，材料符合高中英语新课标，语例突出显示了be动词和过去分词之间的副词，以及过去分词后面的单词。

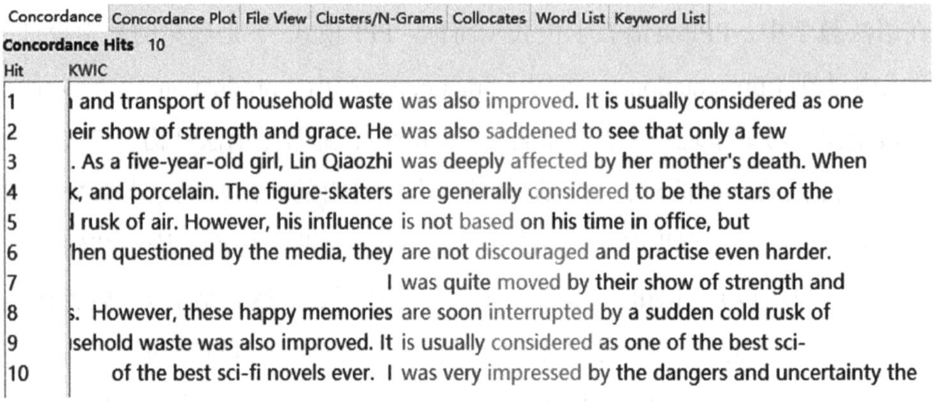
Concordance | Concordance Plot | File View | Clusters/N-Grams | Collocates | Word List | Keyword List

Concordance Hits 10

Hit	KWIC
1	and transport of household waste was also improved. It is usually considered as one
2	eir show of strength and grace. He was also saddened to see that only a few
3	. As a five-year-old girl, Lin Qiaozhi was deeply affected by her mother's death. When
4	k, and porcelain. The figure-skaters are generally considered to be the stars of the
5	rusk of air. However, his influence is not based on his time in office, but
6	hen questioned by the media, they are not discouraged and practise even harder.
7	I was quite moved by their show of strength and
8	. However, these happy memories are soon interrupted by a sudden cold rusk of
9	sehold waste was also improved. It is usually considered as one of the best sci-
10	of the best sci-fi novels ever. I was very impressed by the dangers and uncertainty the

图4-18　被动语态教学语例

教师可以让学生归纳总结这10个例句的结构：主语+be动词+副词+过去分词（+to/by/on/as）。这个结构展示了被动语态的以下两个特征：（1）be动词和过去分词之间经常有副词出现，作用是修饰动词；（2）过去分词后面并不总是跟着by，还可以是其他介词，例如to、as、on等，也可以不跟任何单词。

四、优质课例示范和理论分析

（一）课例示范

语料库辅助的there be句型的教学

主讲教师：杭州师范大学附属中学　苏般旦

本课例使用年级为高二，教学用时大约15分钟。首先，教师进行了学情分析，指出了学生在there be句型中的典型错例：

（1）But there was a knife threw out from the window.

（2）There is a wolf keep running behind you!

（3）Look, there have a steep uphill in front of me.

错误分为两类，一是逻辑主语后面的动词形式问题，二是there后面的动词选择。

因此，本课例将从三个方面对其进行探讨：（1）there be句型逻辑主语后面的动词形式；（2）there后面的谓语动词；（3）there后have的功能。

第一步：归纳there be句型逻辑主语之后的动词结构形式。教师使用AntConc 3.5.8的Concordance工具，以“there is|there are|there was|there were|there * be|there * been”为检索项，在Crown_CLOB语料库中进行检索，经等距抽样（逢60抽1）之后，得到其中的48例。教师让学生观察例句，探究there be句型中主语之后的动词结构形式有哪些种类，与逻辑主语是何种关系。观察例句后，学生可归纳出“there be+主语”之后的动词共有三种形式，各表达不同含义。这里需要指出的是，学生的分类结果可能有瑕疵，但是，过程比结果重要，思考过程促进了语言的习得。

第二步：验证there have/there has是否等同于汉语中的“有”。教师以“there has|there have”为检索项在Crown_CLOB语料库中进行检索，经等距抽样（逢8抽1）之后，得到其中的16例。教师让学生关注there has与there have后面所跟单词的词性。经过观察，这16个索引行中的搭配全部是there have been和there has been，have是现在完成式的构成要素，所以在英语中，there have sth.和there has sth.并不表示“有”的意思。

第三步：归纳there存现句使用的谓语动词。教师在COCA的List下输入there VERB，便得到there后面最常见的动词搭配，选取15个高频动词（见图1）。教师让学生观察检索出的15个动词，并剔除那些不是存现句的搭配，只保留动词原形、第三人称单数和过去式，总结there存现句中的高频动词原形，观察其谓语动词的异同并归类。经过观察可以发现，seem、go、appear、exist、come、remain是there存现句的高频动词原形，这些动词的共同点为都是不及物动词。这些不及物动词又可以按照意思进一步分类。最后，教师请学生参照总结出的句型结构，改正句子中的错误。

1	☐	THERE SEEMS	4242
2	☐	THERE NEEDS	2087
3	☐	THERE GOES	1750
4	☐	THERE APPEARS	1465
5	☐	THERE SEEMED	1448
6	☐	THERE EXISTS	1339
7	☐	THERE COMES	1256
8	☐	THERE LOOKING	1144
9	☐	THERE CAME	1135
10	☐	THERE WAITING	1054
11	☐	THERE REMAINS	1022
12	☐	THERE TRYING	785
13	☐	THERE WATCHING	765
14	☐	THERE SEEM	718
15	☐	THERE GOING	599

图1　there VERB在COCA中前15个高频词

（二）理论分析

本课例可以从上文提到的PPP模式、三维语法和型式语法、意识提升三个理论角度来分析。

第一，本课例在PPP模式中属于第一阶段，即呈现阶段，教师按照学生常犯的错误，分门别类将语例呈现给学生，让学生采用归纳法进行分析，经过讨论得出结论，并通过改错练习检查呈现阶段的教学成果，完全符合呈现阶段的特征。

第二，本课例在语法教学过程中，既关注了形式，又从意义角度给予分析。在每个阶段，教师都注意让学生总结there be句型的形式。在意义方面，第一步中，教师让学生总结逻辑主语后面的动词和逻辑主语之间的关系，因此，学生既需要理解句子意义，又要推断逻辑主语和动词之间的关系。第二步中，教师让学生从have是助动词还是实义动词的角度理解have的形式和意义。第三步体现得更为明显，教师让学生从语义角度对there后面的动词进行分类。

第三，本课例特别注重提升学生的语言意识。首先，教师不是通过讲解让学生了解there be句型的用法，而是让学生通过分析各类语例来从不同的角度认识语言结构，认知在其中发挥了重大作用。其次，教师选择了典型的语例，突出了要教授的语法特征，利于学生吸收。最后，教师让学生大量输入，而不是强迫其输出，这样既减轻了学生的压力，又有利于学生语言的习得。

五、能力拓展训练

（一）是in the playground还是on the playground？

假如你在小学或初中练习材料中遇到下面的选择填空，你会选哪一个？

The children are playing ________ (on/in) the playground. It's fun.

若你与同事意见不一致，如何用语料库解决这个问题？

提示：可以使用COCA搜索playground的介词搭配，对比不同介词的搭配频率；在网络上搜索playground的介词搭配历时变化；和同事讨论并确定答案。

（二）形容词的意义和介词选择

作为中小学英语老师，学生可能会问你："It's nice of you to help me.""It's difficult for us to learn German."这两个句子结构相似，为什么介词分别是of和for？

提示：首先，在COCA中搜索“it _vb ADJ of PRON”和“it _vb ADJ for PRON”；其次，对比两个搜索结果中形容词的语义倾向；最后，和同事讨论并得出结论。

六、研究能力培养

（一）四种条件句

阅读下面的摘要，注意画线部分。

If only it were true: The problem with the four conditionals

Christian Jones, Daniel Waller

The traditional division of conditionals into four main types (zero, first, second, and third) has long been called into question. Unfortunately, the awareness that this description does not reflect conditional patterns in actual usage has not generally been reflected in EFL coursebooks. This article re-examines the arguments for a description of conditional patterns which reflects actual usage and uses corpus data to demonstrate the kind of patterns in frequent use. It then suggests two teaching approaches that may help teachers to tackle a variety of conditional patterns in the classroom.

Jones, C. & Waller, D. If only it were true: The problem with the four conditionals. *ELT Journal*, 2011, 65(1): 24-32.

◎思考：

(1) Discuss with your partner and think of a grammar item in the coursebook which does not reflect the actual usage.

(2) Read the article and find out how the problematized grammar item is investigated in corpus.

(3) Use the research procedure to study the grammar item you come up with and devise a proper teaching procedure for it.

（二）使用语料库练习学习语法基础知识

阅读下面的摘要，注意画线部分。

An effective way to use corpus exercises to learn grammar basics in English

Kathryn Oghigian, Kiyomi Chujo

Computer-based data driven learning (DDL) is becoming gradually more prevalent in L2 classrooms, and studies have shown that DDL exercises can be effective even at the beginner level in teaching vocabulary and grammar. In addition, paper-based DDL studies are gaining ground, so that even without computers, students are able to explore concordance lines to identify recurring grammatical features and word derivations and to learn how to induce generalizations from the samples to the language in general. In this study, the researchers have developed a series of computer-based and paper-based DDL exercises focused on grammar basics and using a four-step approach that is both inductive and deductive. Course evaluations indicate statistically significant gains in most areas, and students report an overall positive rating on questionnaires.

Oghigian, K. & Chujo, K. An effective way to use corpus exercises to learn grammar basics in English. *Language Education in Asia*, 2010, 1(1): 200-214.

◎思考：

(1) Discuss with your partner how to carry out classroom corpus-assisted teaching without computers and the Internet.

(2) Read this article and find out how to design paper-based DDL exercises.

(3) Design your own paper-based DDL exercise and investigate students' feedback.

参考文献

何安平 . 语料库的“教学加工”发展综述 . 中国外语，2010(4): 47-52.

何安平 . 语料库辅助英语教学入门 . 北京：外语教学与研究出版社，2017.

梁茂成 . 什么是语料库语言学？. 上海：上海外语教育出版社，2016.

Hunston, S. & Francis, G. *Pattern Grammar: A Corpus-driven Approach to the Lexical Grammar of English*. Amsterdam: John Benjamins Publishing Company, 1999.

Larsen-Freeman, D. *Teaching Language: From Grammar to Grammaring*. Boston: Heinle, 2005.

Richards, J. C. & Schmidt, R. *Longman Dictionary of Language Teaching and Applied Linguistics*. Harlow: Pearson Education Limited, 2012.

Sinclair, J. *Corpus, Concordance, Collocation*. Oxford: Oxford University Press, 1991.

Sinclair, J. *Reading Concordances: An Introduction*. Harlow: Pearson Education, 2003.

第五单元

语料库与英语阅读教学

一、问题导入

《中国英语能力等级量表》中的语言能力总表要求高中生“能理解一般社交场合中常见话题的语言材料，抓住主题和主要内容，把握主要事实与观点，清楚他人的意图和态度”。其中，阅读理解能力总表对高中生有三项要求：（1）能读懂语言简单、不同类型的材料，如简短故事、书信等，提取细节信息，概括主旨要义；（2）能读懂语言简单、题材广泛的记叙文和议论文，区分事实和观点，进行简单推断；（3）能通过分析句子和篇章结构读懂语言较复杂的材料，理解意义之间的关系。①从中可以看出，学习英语首先要抓住主题或者说主旨要义，其次要提取要点，最后要厘清意义之间的逻辑关系。《普通高中英语课程标准》（中华人民共和国教育部，2020）就提到，必修阶段对理解性技能的第一个要求就是从语篇中提取主要信息和观点，并理解语篇要义，由此可见理解主旨要义的重要性。

另外，理解主旨要义也是高考英语考查的重点微技能之一。高考英语科目的阅读理解能力可归纳为七项具体能力：（1）理解词汇。词汇是阅读理解的基本要素，考生应能辨识句子及语篇中词语（单词、词组或固定搭配）的意义或指代关系，通过语境判断词语在特定语境中的具体含义。（2）理解具体信息。文章主题和中心思想的阐述往往需要大量具体信息的支持，考生应能从中提取诸如数字、时间、地点、人物、事件及活动的起因、过程、结果等细节信息，并能理解概念性信息。这些信息有的可直接从文中获取，有的需要进行简单归纳。（3）理解主旨要义。每篇文章或每个段落都有主旨要义，有时主旨要义是明确阐述的，有时需要从字里行间归纳总结，考生应能识别或总结文章或段落的主旨要义。（4）理解观点、态度。文章中常常包含作者或他人的观点、态度，考生应能理解直接表述的观点、态度，还应能分析理解隐含的观

① 中华人民共和国教育部，国家语言文字工作委员会．中国英语能力等级量表．(2018-02-12)[2022-05-01]. https://cse.neea.edu.cn/res/ceedu/structure/41696f321e089fbc5d42ebd9e124b5d4.pdf.

点、态度。（5）理解目的。文章作者常常通过多种方式表达写作目的，考生应能理解作者直接表达的目的，也应能分析理解作者未直接表达的目的。（6）推断。在阅读活动中，考生有时需要根据文章所提供的信息进行推理，例如推断作者未明确说明的事件或活动的原因、过程、结果，推断人物或事物的特性，推断人物的情绪或语气等。（7）理解文章结构、类型。考生应能运用语篇知识，辨别不同文章体裁，理解文章内部逻辑关系和作者为使行文连贯使用的各种衔接手段。

在测试和教学中，主旨大意题目常常以判断最佳题目等方式出现，学生经常发现这类题目难度较大。那么，在进行这样难度较大的文章的阅读教学时，有没有一种直观的方法，能让学生看到文章的主旨大意呢？

下面是浙江省2018年11月高考英语阅读D篇，其中的第30题是当时学生丢分最多的阅读题。一方面，这篇文章的个人语言风格较强，有很多对旅途中个人心情的描写。另一方面，这种散文体裁的文章学生读得很少，他们阅读的大多数文章都拥有较为清晰的段落层次和文章线索，对文本字里行间的分析要求不高。但这篇文章属于散文体裁，文章中有很多小说名称，再加上选项具有较大的干扰性，所以学生很难抓住这篇文章的主旨大意，题目难度较大。

I start every summer with the best of intentions: to attack one big book from the past, a classic that I was supposed to have read when young and ambitious. Often the pairings of books and settings have been purely accidental: "Moby Dick" on a three-day cross-country train trip; "The Magic Mountain" in a New England beachside cottage with no locks on the doors, no telephones or televisions in the rooms, and little to do beyond row on the salt pond. Attempting "The Man Without Qualities" on a return to Hawaii, my native state, however, was less fruitful: I made it through one and a quarter volumes, then decided that I'd got the point and went swimming instead.

But this summer I find myself at a loss. I'm not quite interested in Balzac, say, or "Tristram Shandy". There's always "War and Peace", which I've covered some distance several times, only to get bogged down in the "War" part, set it aside for a while, and realize that I have to start over from the beginning again, having forgotten everyone's name and social rank. How appealing to simply fall back on a favorite—once more into "The Waves" or "Justine", which feels almost like cheating, too exciting and too much fun to properly belong in serious literature.

And then there's Stendhal's "The Red and the Black", which happens to be the name of my favorite cocktail of the summer, created by Michael Cecconi at Savoy and Back Forty. It is easy to drink, and knocking back three or four seems like such a delightful idea. Cecconi's theory: "I take whatever's fresh at the greenmarket and turn it into liquid." The result is a pure shot of afternoon in the park, making one feel cheerful and peaceful all at once, lying on uncut grass with eyes shut, sun beating through the lids...

30. What can be a suitable title for the text?

A. The Books of Summer　　B. My Summer Holidays

C. To Read or Not to Read　　D. It's Never Too Late to Read

另外，在阅读技能教学中，教师也会发现，猜测词义并不像想象中那么简单。在读写结合教学中，学生很难迅速找出相关内容线索和语言线索，完成读写结合任务。

二、解决方案

本节将介绍以下四个方面的内容：（1）使用语料库主题词功能概括文章主旨；（2）使用词语隐藏功能辅助猜测和学习词汇；（3）依据语境推断人物性格；（4）制作词云。

（一）使用语料库主题词功能概括文章主旨

使用语料库工具可以提取主题词。主题词指的是文章中出现频率异常的词语，是通过比较文本语料和参照语料库而获得的，这些词反映了文章内容的主题，能够帮助学生辨析文章的主题特征。第三部分会详细讲解主题词。

第一步：打开AntConc，点击左上角的File，选择Open Files，再打开2018阅读D篇.txt文件。这样，文件就被导入了AntConc界面（见图5-1）。

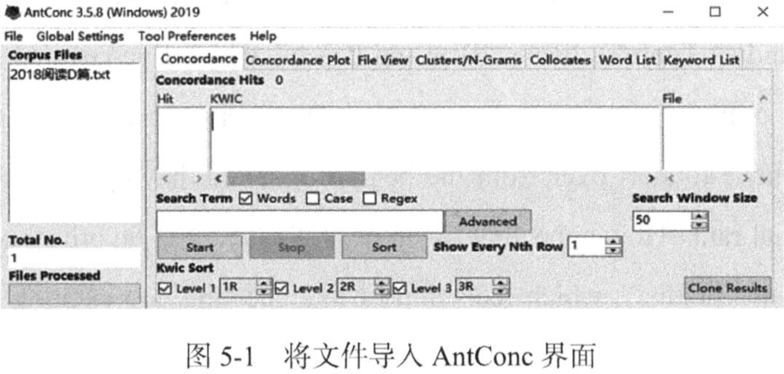

图 5-1　将文件导入 AntConc 界面

第二步：点击Word List，再点击Start，就可以生成词汇表（见图5-2），共有321个形符，202个类符。

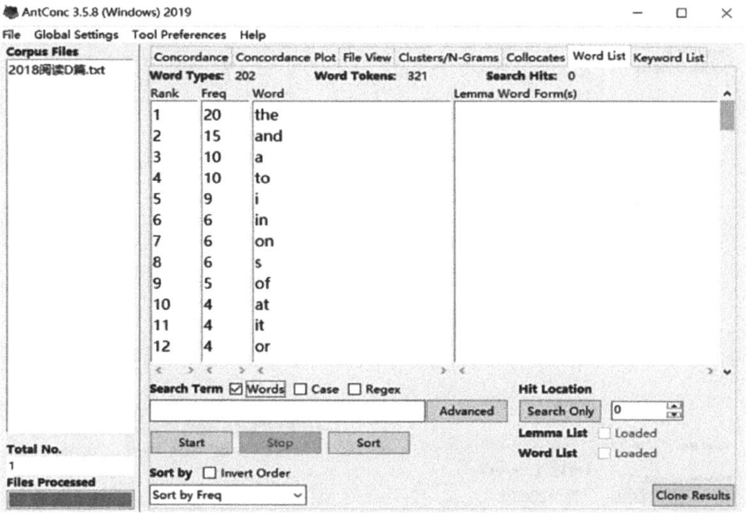

图5-2　阅读语篇词汇检索结果

第三步：如图5-3所示，点击主界面的Tool Preferences，选择Keyword List，载入参照语料库。一般来说，参照语料库的大小要达到分析语料库的5倍。点击Add Directory，使语料库里的多个文件一次全部载入；点击Add Files，按住Shift键，点击第一个和最后一个文件，也可以使文件全部进入。然后勾选Loaded，点击Apply，返回主界面。

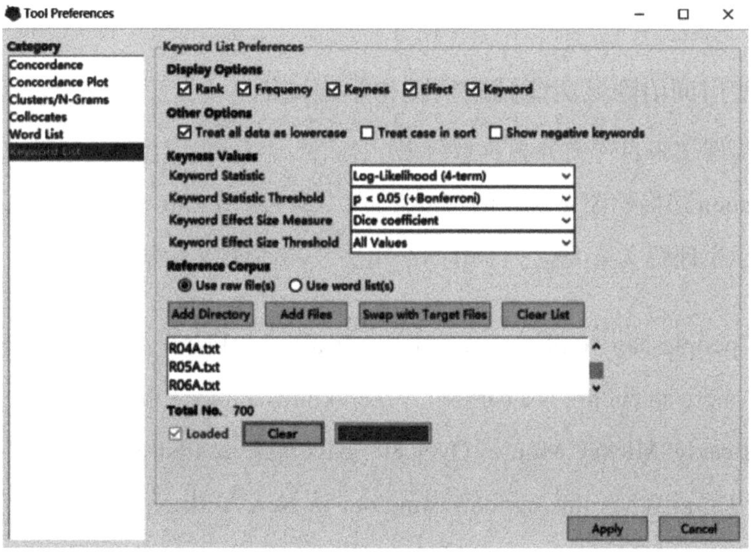

图5-3　提取主题词设置

第四步：回到主界面，点击Keyword List，再点击Start，可以看到阅读语篇的主题词表（见图5-4）。

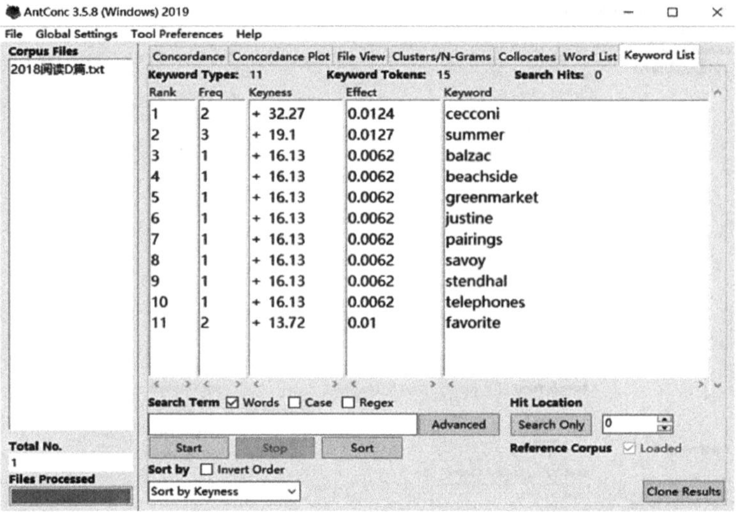

图5-4 阅读语篇主题词表

根据图5-4的内容可以发现，主题词表中的词汇主要分为两类，一类是鸡尾酒发明人Cecconi（切可尼）、法国作家Balzac（巴尔扎克）、法国作家Stendhal（司汤达）、小说*Justine*（《贾斯汀》）等与文学艺术有关的词，另一类是summer、beachside、greenmarket等让人联想到夏天的词汇。综合起来看，第一类与名著有关，即books，第二类与夏天有关，即summer，这样就很容易归纳出这篇文章的主要内容：the books of summer。答案是A。

（二）使用词语隐藏功能辅助猜测和学习词汇

下面这篇课文来自《义务教育教科书　英语　八年级　上册》第五单元Section B 2b部分，cartoon是揭示课文主题的重要单词。通过使用AntConc将其语境显性化，教师可以帮助学生理解文章大意，了解词汇用法。具体课文内容如下：

> When people say "culture", we think of art and history. But one very famous symbol in American culture is a cartoon. We all know and love the black mouse with two large round ears—Mickey Mouse. Over 80 years ago, he first appeared in the cartoon *Steamboat Willie*. When this cartoon came out in New York on November 18, 1928, it was the first cartoon with sound and music. The man behind Mickey was Walt Disney.

He became very rich and successful. In the 1930s, he made 87 cartoons with Mickey.

Some people might ask how this cartoon animal became so popular. One of the main reasons is that Mickey was like a common man, but he always tried to face any danger. In his early films, Mickey was unlucky and had many problems such as losing his house or girlfriend, Minnie. However, he was always ready to try his best. People went to the cinema to see the "little man" win. Most of them wanted to be like Mickey.

On November 18, 1978, Mickey became the first cartoon character to have a star on the Hollywood Walk of Fame. Today's cartoons are usually not so simple as little Mickey Mouse, but everyone still knows and loves him. Who has a pair of ears more famous than Mickey's?

第一步：将课文保存为文件名为Mickey mouse-skey的txt文档，使用txt中的查找替换功能，将cartoon换成假词skey。

第二步：使用AntConc检索skey，将KWIC Sort中的Level 1 设置成 1L，Level 2 设置成 0，Level 3 设置成 1R，点击Start。其结果如图 5-5 所示。

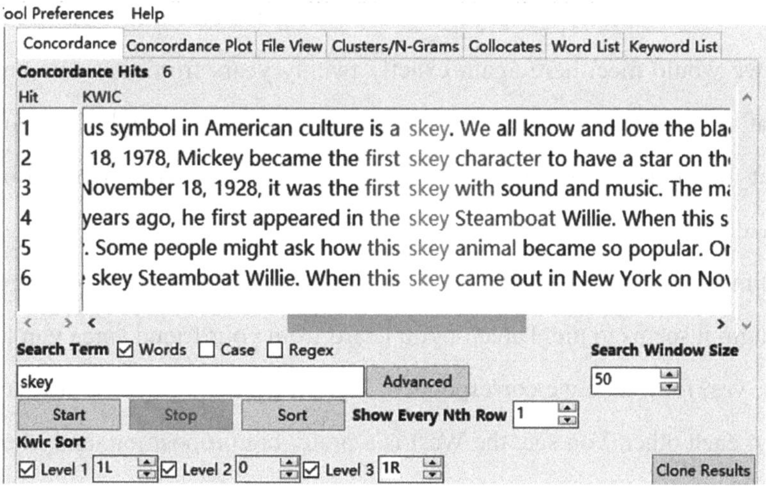

图 5-5　skey 的共现行

请学生回答以下几个问题：

（1）skey前后有哪些词汇？哪些词语修饰skey？ skey又修饰哪些词语？

（2）skey是动物还是物体？为什么？

（3）skey是什么意思？

根据图 5-5 可以发现，skey前面有a、first、the和this等限定词，所以很明显它是名词。从语例 1 前半部分可以发现，skey是美国文化标志；语例 2 显示，在skey后面，还有人物（character）、汽船（steamboat）和动物（animal）；语例 3 的skey还带有了自己的声音（sound）和音乐（music）。由以上这些语境可以判断，这个词应该是cartoon，即卡通片。

（三）依据语境推断人物性格

在记叙文阅读教学中，基于语境推断人物性格是重要的学习目标之一，利用共现行两侧的语境来推断人物性格是省时高效的方法。下面是《英语：必修. 第一册》第四单元的课文，节选自O. Henry（欧·亨利）的短篇小说代表作“After twenty years”（《二十年后》）。具体课文内容如下：

“Twenty years ago tonight,” said the man, “I dined here at ‘Big Joe’ Brady’s with Jimmy Wells, my best chum, and the finest chap in the world. He and I were raised here in New York, just like two brothers, together, I was eighteen and Jimmy was twenty. The next morning I was to start for the West to make my fortune. You couldn’t have dragged Jimmy out of New York; he thought it was the only place on earth. Well, we agreed that night that we would meet here again exactly twenty years from that date and time, no matter what our conditions might be or from what distance we might have to come. We figured that in twenty years, each of us ought to have our destiny worked out and our fortunes made, whatever they were going to be.”

“It sounds pretty interesting,” said the policeman. “Rather a long time between meets, though, it seems to me. Haven’t you heard from your friend since you left?”

“Well, yes, for a time we corresponded,” said the other. “But after a year or two we lost track of each other. You see, the West is a pretty big proposition, and I kept hustling around over it pretty lively. But I know Jimmy will meet me here if he’s alive, for he always was the truest, staunchest old chap in the world. He’ll never forget. I came a thousand miles to stand in this door tonight, and it’s worth it if my old partner turns up.”

第一步：阅读短文，不难发现Jimmy、chap和he指同一个人。

第二步：在AntConc中键入Jimmy|he|chap，将Level 1、Level 2 和Level 3 设为 0，

点击Start，结果如图 5-6 所示。

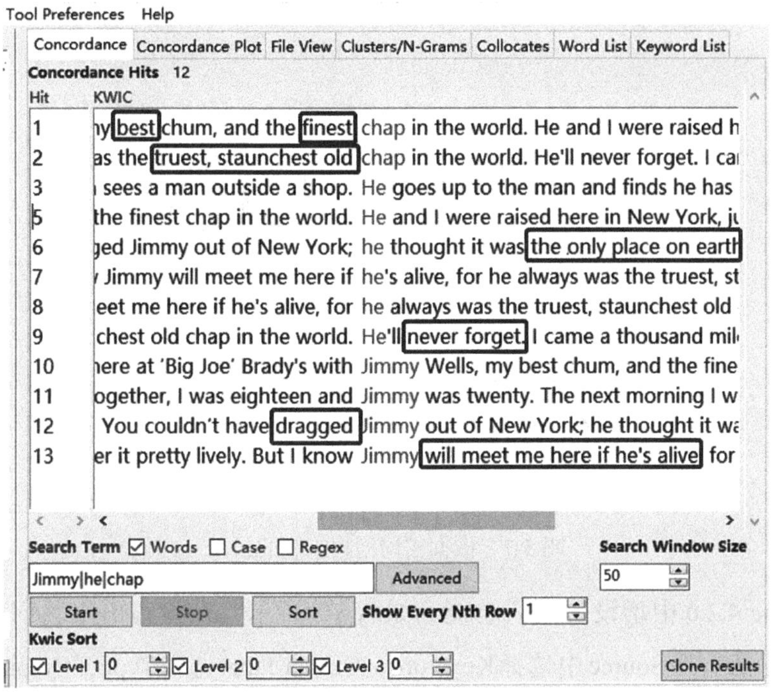

图 5-6　Jimmy|he|chap 的索引行

第三步：浏览共现行，删除不指代Jimmy的共现行，其具体操作是按Shift键，点击要删除的共现行，点击Delete；

第四步：观察检索目标两侧的词语，推断Jimmy的性格。

从Jimmy两侧的语境来看，best、finest、truest、stauchest等形容词说明Jimmy在说话人眼中，是个诚实、善良和坚定的人；从never forget和will meet me here if he's alive来看，Jimmy是个忠实的朋友；但是从dragged和the only place on earth来看，Jimmy又是一个非常恋家且固执的人。

（四）制作词云

词云是文本或语料库中单词频率的图形表示。词云有很多功能，它最常用于显示文本或语料库中单词使用的频率，也用于显示语料库中单词的关键性或主题性（keyness），还用于显示某些单词与某个单词的接近程度。词云的词性是可选择的，例如，图 5-7 是课文“The night the earth didn't sleep”的词云[①]，在生成前已设置为只

① 在 https://versatext.versatile.pub/ 中制作得到。

显示实词，目的是从词云中直接看出主题。观察后可以发现，课文中最常见的实词是city、people、Tangshan、more、water和quake等，这些词语揭示了文本的主题——唐山大地震。

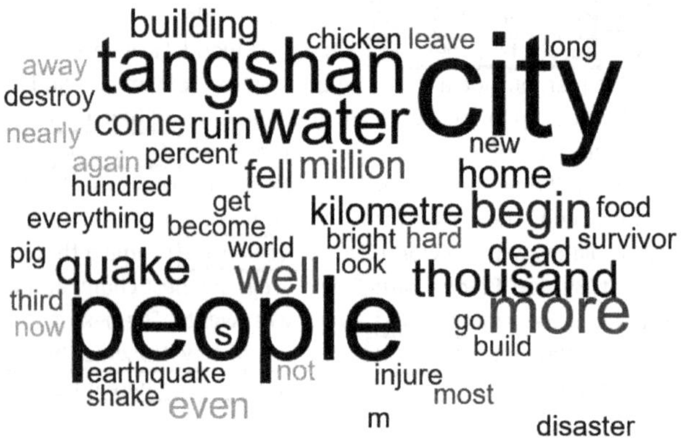

图 5-7　依据实词词频绘制的云图

AntConc 4.2.0 中增设了词云功能。如图 5-8 所示，在检索出主题词之后，选择Wordcloud，然后在Source中选择Keyword，Output label选择Type，Output value选择Keyness (likelihood)。然后点击Start，就可以得到下面的主题词云图。词云图中词的字体越大，其主题性就越高。

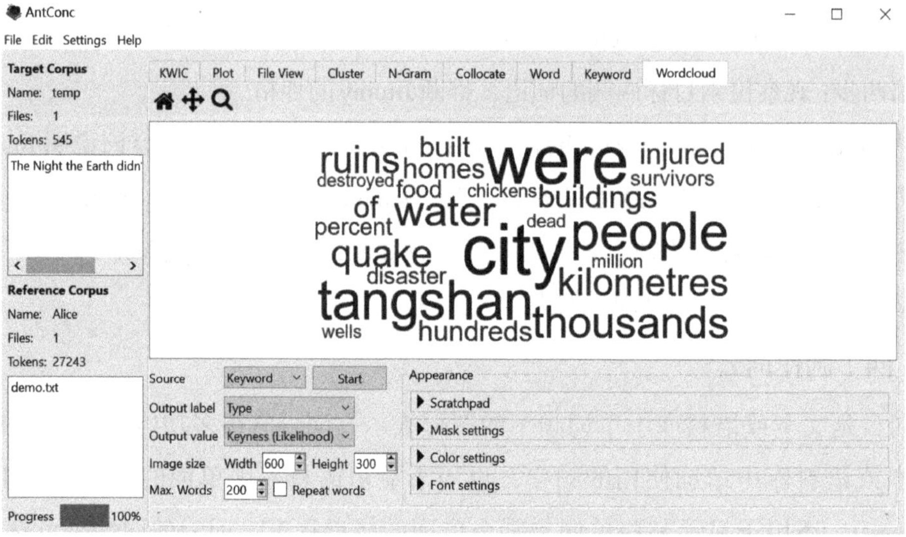

图 5-8　AntConc 4.2.0 产生的主题词词云

在SKELL语料库中，还有一种联想词词云，位于中心的词和检索词意义最为相近，字体越大表明单词出现的频率越高。如图 5-9 所示，检索词是teaching，与之意义最为相近的联想词是education，其他联想词包括practice、knowledge和training等。

图 5-9 SKELL 语料库中 teaching 的联想词及其词云

三、理论依据

（一）阅读过程和分类

下面是Khalifa和Weir（2009）研制的阅读种类及阅读认知过程框架（见图5-10）。框架左侧下端框展示了不同的阅读种类，在此阶段考生确定阅读目标，选择为达目标所需的阅读种类。框架右侧是阅读理解所需的知识基础，包括词汇、语法、话题知识、常识和文本结构知识，这些知识都处于长期记忆之中，迄今为止的文本意义表征是为进一步阅读提供推断和建构心理模型的基础，处于工作记忆之中。框架的中间部分是阅读过程。对词表和主题词的阅读不涉及句法分解和命题意义确立等步骤，而是对词汇识别、词汇通达和推断有较高的要求，其目的是建立一定的心理表征和文本水平表征，即推断文章主要内容。

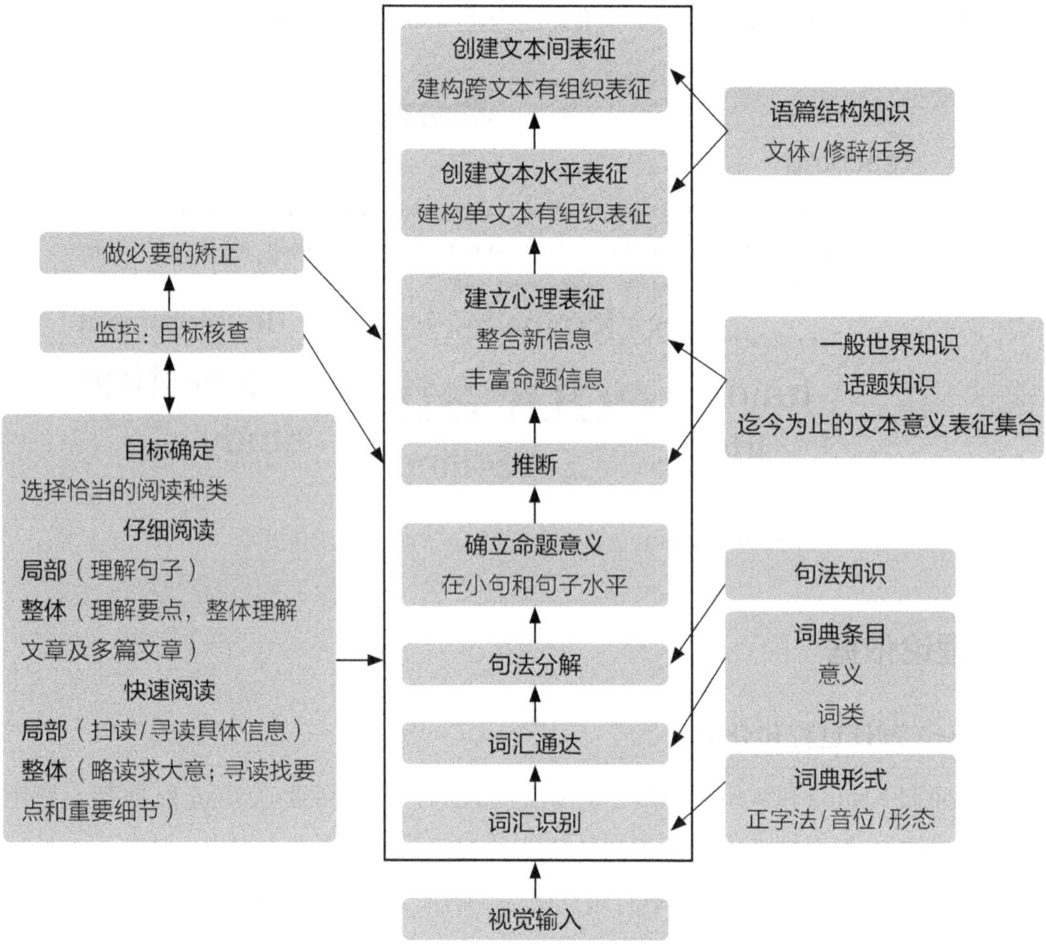

图 5-10　阅读种类及阅读认知过程框架

我们可以通过仔细阅读和快速阅读、整体水平和局部水平维度来定义阅读类型（见表 5-1）。下面主要介绍略读（skimming）、寻读（search reading）和仔细阅读（careful reading）。

略读的特征是选择性，即读者对文本的某些部分给予较少的注意力或者略掉某些部分，使用尽可能少的文本细节来建立文本的宏观结构（或主旨）。寻读是读者以提取信息为目的而进行的寻找词语、主题句或重要段落的阅读形式。在仔细阅读层面，局部仔细阅读只要求加工解码文本，目的是确立基本命题意义；整体仔细阅读的难点在于，读者不但要理解微观命题和宏观命题，而且要理解它们之间的逻辑关系，其前提是局部仔细阅读。这就要求考生极为仔细地阅读，甚至是重读整篇文章或相关部分。学生对某些主题词的索引行及其两侧词语的解读，就属于局部仔细阅读与快速阅读的结合，或者说自下而上和自上而下相结合的阅读。

表 5-1 阅读类型

类型	整体水平	局部水平
仔细阅读	（1）准确理解句子之间显性陈述的要点和支撑细节； （2）做出命题推断； （3）理解要点和细节在文本中以何种关系互相联系起来； （4）理解要点和细节在文本间以何种关系互相联系起来	（1）准确理解句子内部明确陈述的要点和细节； （2）识别词汇； （3）理解句法
快速阅读	（1）略读：识别语篇话题和要点、文本结构或判断与阅读目的的相关性； （2）寻读：定位并理解与阅读需求相关的信息	扫读（scanning）：定位具体信息点

（二）主题词

主题词是指统计意义上拥有特殊频率的词，主题词表是指在某一语料库中出现频率显著高于另一语料库中出现频率的词型列表。使用语料库检索软件AntConc或WordSmith等内部设置的对数似然（log-likelihood）检验或卡方（chi-squared）检验，教师能够比较目标语料和参照语料的词频表，从而自动形成主题词表。表中词汇的关键性越高，表明该词在目标语料中出现的概率越显著高于该词在参照语料中出现的概率。如图 5-11 所示，quake在课文“The night the earth didn’t sleep”中出现了 3 次，全文 546 词，该词占全文的比例为 0.54%。但是，quake在包含 1,026,226 词的Crown语料库中出现次数为 0，相比之下，quake在课文中的出现频率较高，具有较高的关键值（keyness=45.05）。某词是否为主题词，其主要标准之一是$p<0.05$①。由图 5-11 可以看出，quake的p值小于 0.05，接近 0。

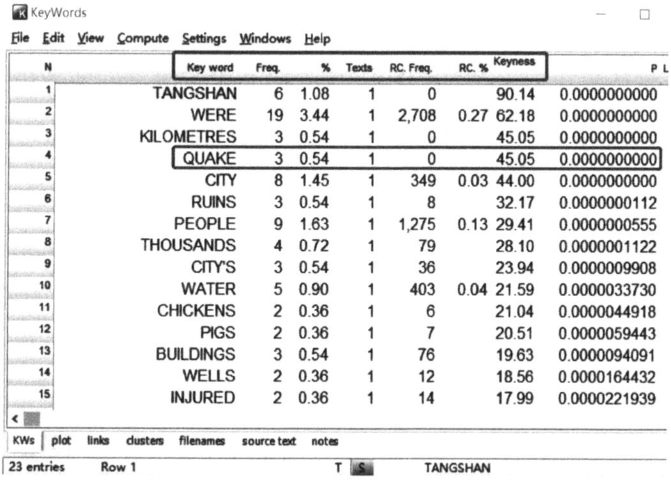

N	Key word	Freq.	%	Texts	RC. Freq.	RC. %	Keyness	P
1	TANGSHAN	6	1.08	1	0		90.14	0.0000000000
2	WERE	19	3.44	1	2,708	0.27	62.18	0.0000000000
3	KILOMETRES	3	0.54	1	0		45.05	0.0000000000
4	QUAKE	3	0.54	1	0		45.05	0.0000000000
5	CITY	8	1.45	1	349	0.03	44.00	0.0000000000
6	RUINS	3	0.54	1	8		32.17	0.0000000112
7	PEOPLE	9	1.63	1	1,275	0.13	29.41	0.0000000555
8	THOUSANDS	4	0.72	1	79		28.10	0.0000001122
9	CITY'S	3	0.54	1	36		23.94	0.0000009908
10	WATER	5	0.90	1	403	0.04	21.59	0.0000033730
11	CHICKENS	2	0.36	1	6		21.04	0.0000044918
12	PIGS	2	0.36	1	7		20.51	0.0000059443
13	BUILDINGS	3	0.54	1	76		19.63	0.0000094091
14	WELLS	2	0.36	1	12		18.56	0.0000164432
15	INJURED	2	0.36	1	14		17.99	0.0000221939

图 5-11 主题词 quake 及其他词的关键值数据

① p 值指根据统计数据计算得到的参量的统计值与虚无假设中设定的参量值之间存在差异或差异显著的概率值。

主题词主要包括三种类型：专有名词、主题词和语法词（虚词）。主题词表反映了文章的主题，去除了细枝末节；专有名词等实意词往往可以揭示语料的主要内容，有时还能凸显其用词特色；语法词则往往能够揭示语料的修辞和文体风格。主题词还可以揭示语篇中词汇和整体语篇的互动模式，如分析主题词中的实意词（尤其是名词）在语篇中的密度分布和关联性，揭示语篇的大意和话题发展脉络等。另外，在阅读技能教学中，主题词与语境共现行之间的互动切换，不仅能帮助学生快速地把握语篇的主要话题乃至内容细节，还能辅助训练学生快速阅读、泛读大意、精读细节、积极预测、验证事实、依据话题发挥联想、分类整合词汇语义、纵观语篇话题布局，以及在语境中归纳语法模式和寻读相关词语等技能。部分高频主题词的语例还可以辅助学生对该语篇内容进行小结、口头或笔头复述，以及学习相关词汇、语法知识等等。可见，主题词表阅读虽然不会完全替代以往的逐词、逐句、逐段式阅读，但是能在当今这个阅读资源空前丰富的时代，帮助人们快速地捕捉、聚焦、处理关键信息。

四、优质课例示范和理论分析

（一）课例示范

语料库辅助阅读教学在读后续写中的应用

主讲教师：浙江省富阳中学　王璐

读后续写是一种将阅读与写作紧密结合的高考写作考查形式，考查的能力之一是阅读能力。阅读能力包括：把握短文关键信息和语言特点的能力，把握语篇结构的能力。本课例通过具体操作展示了如何在语料库辅助下，通过解读语篇主题和情节发展脉络，为续写搭建内容支架；通过解读主要人物的情感和态度线索，为续写搭建情感支架；通过解读语篇的文体特征和写作风格，为续写搭建语言支架。

第一步：提取单词词频表。本课例以 2020 年 7 月浙江省高考英语试题中的读后续写文本为检索语篇，采用Wordlist工具提取语篇的单词词频表。教师请学生观察语篇的词符、词型、词汇密度和单词词频表，并分析：语篇中出现频率最高的是什么词性的词？语篇中出现频率最高的实意词有哪些？从这些实意词中可以推断出什么？学生可以观察到，出现频率排在第二位的是实意词bear(s)，共出现 16 次，排在第四位的是代词I，共出现 10 次，由此可以推断出本语篇是以第一人称视角写的一篇与熊有关的文章。

第二步：提取词串频次表（见图 1）。学生观察到，包含检索词I的 5 词词串共有 10 个，大多是I后接谓语动词过去式，叙述了“我”的一系列动作，故可推断本语篇使用第一人称和过去时态叙事，是一篇记叙文。

Rank	Freq	Word
1	21	the
2	11	bear
3	10	a
4	10	I
5	9	and
6	8	to
7	7	of
8	6	polar
9	5	bears
10	5	camp
11	5	fence
12	4	Elli
13	4	his
14	4	our
15	4	was

图 1　词频表

第三步：识别指代关系。从词频表中可以看到，代词his的使用频率也很高。语篇中的第三人称“他”到底指代什么呢？教师指导学生观察这些语境共现行，分析所有代词的指代关系，推断语篇的写作风格。学生发现，除了语例 7 中的he指代上文的camp manager外，其余的第三人称代词均指代bear，由此可以推断出本语篇在写作风格上使用了拟人的修辞手法，对熊进行拟人化描写。学生在读后续写中也应延续这一写作风格。

第四步：提取关键词表。使用工具Keyword List，以一个较大型的语料库（教师使用的是SHER-RJB语料库）为参照，提取本语篇的关键词表。教师引导学生根据关键词表预测语篇的主要话题及记叙要素，如主要人物、主要故事发生的地点等。根据查询结果可以发现，关键值最高的实意词除bear(s)外，还包括polar、Elli、fence、camp、wire helicopter等。由此可推断出本文讲述了我（I）、Elli和熊（bear或polar bear）在营地（camp）发生的故事，而且营地周围可能有栅栏（fence）和金属线（wire），故事中还出现了直升飞机（helicopter）。

第五步：查询spray一词的语境共现行。采用Concordance查询Spray一词的语境共现行，通过观察目标词汇周边单词的词性、词义以及目标词汇所在句子的句型等因素，帮助学生真正理解目标词汇的含义、内涵和使用特征。学生在仔细观察语境共现行后进行推理，得出以下结论：（1）语例1中的spray是动词，语例2和语例3中的spray是名词。（2）作为名词，spray是不可数名词，可以与pepper构成词块，应该指一件由辣椒做成的物品，再根据语例3，它能灼伤熊的眼睛，可以推断出这是人们用来对付熊的辣椒制品，可能是辣椒水、辣椒粉或辣椒喷雾等。（3）作为动词，spray的词义可能是“用……喷……”，其过去式为sprayed，可用搭配spray sb. in the face。

第六步：分别查询以I和bear(s)为检索词的语境共现行。以人和熊为两条主线，查询相应的语境共现行，通过检索与其搭配单词（尤其是动词）的语法和语义来揭示故事情节发展的脉络。教师指导学生观察这些语境共现行，关注所有第一人称后的过去式动词语块和表述熊的动作的动词语块，罗列情节提纲，从而提取以人和熊为核心的两条情节发展线索（见图2）。

- **Elli and I**

had a goal: photograph polar bears → **stayed** at a camp → **cooked** dinner → **yelled** at the bear, **hit** posts hard, and **fired** blank shotgun shells into the air → **radioed** the camp manager for help → **took** some pictures of the bear → **feared** ... → **approached** ... and **sprayed** him in the face

- **The bear**

sniffed and smelled our garlic bread → **followed** his nose ... → **pulled and bit** the wire → **stood** on his back legs and **pushed** at the wooden fence posts → **kept trying to tear down** the fence → **ran** to the lake to **wash** his eyes → **headed** back to our camp

图2　文章中的两条线索

第七步：查询“拍照”相关检索词的语境共现行。学生根据查询结果，分析判断作者对给北极熊拍照一事的情感态度。根据检查到的语例，学生认为，拍摄北极熊是“我”和妻子的一个目标，而且即使在面临北极熊近距离攻击的危险时，“我”还在拍照，说明“我”和妻子对于拍摄北极熊一事持积极的态度，也表明“我”是一个喜欢冒险的人。因此在续写的结尾部分不可能出现“我”和妻子决定以后再也不来拍摄的情况。

（二）理论分析

语料库辅助语言教学的最大优势在于，语料库工具可以将所要观察的目标单词竖排在一起，其语境分别出现在两侧可供观察，可以较快地让学生看到作者没有直接说的隐含意义，避免了单词弥散在语篇当中、难以聚拢的缺点。该课例充分体现了以上优势。教师从词表出发，分析了包含I的词串、he的指代、spray的含义，提取了关键词表，观察了I和bear的共现语境，最后分析了与“拍照”有关的共现行。

学生在浏览文章词表了解文章内容的时候，是“感知注意”的过程，既调动自己的语言知识，又同时从长时记忆中调取相关背景知识，例如bear的概念和形象，以及这种动物和人的关系等。在提取词串频次表的步骤中，学生获取了“我”的活动信息，并从先后的视角梳理了事情的发展，体现了“获取梳理”这一过程。在运用关键词表的过程中，学生预测语篇的主要话题及记叙的要素，体现了“概括整合”过程。教师在这个过程之后，和学生一起写出了这篇记叙文的主要线索，为续写打好了基础。在以上过程中，教师还穿插了应用实践活动和部分的迁移创新活动，为后面的续写做了充分的准备。

五、能力拓展训练

（一）从文章中选择单词，设计词义猜测活动

下面的课文来自《普通高中教科书　英语　选择性必修　第二册》第一单元，请选择单词进行词义猜测活动，可参考以下步骤：

第一步：通读全文，找出多次出现的重要单词。

第二步：使用AntConc搜索节点词，然后打开Tool preferences，点击Concordance，勾选Hide scarch terms in KWIC display，点击Apply。

第三步：将结果打印或截图以供课堂使用。

JOHN SNOW DEFEATS “KING CHOLERA”

Cholera used to be one of the most feared diseases in the world, until a British doctor, John Snow, showed how it could be overcome. This illness causes severe diarrhoea, dehydration, and even death. In the early 19th century, when an outbreak of cholera hit Europe, millions of people died from the disease. As a young doctor, John Snow became frustrated because no one knew how to prevent or treat cholera. In time, he rose to become a famous doctor, and even attended to Queen Victoria when she gave birth. However, he never lost his desire to destroy cholera once and for all.

In general, doctors in those days had two contradictory theories to explain how cholera spread. One theory was that bad air caused the disease. Another was that cholera was caused by an infection from germs in food or water. Snow subscribed to the second theory. It was correct, but he still needed proof. Consequently, when an outbreak of cholera hit London in 1854, Snow began to investigate. He discovered that in two particular streets the cholera outbreak was so severe that more than 500 people died in ten days. He was determined to find out why.

Snow began by marking on a map the exact places where all those who died had lived. There were multiple deaths near the water pump in Broad Street (especially house numbers 16, 37, 38, and 40). However, some households (such as 20 and 21 Broad Street, and 8 and 9 Cambridge Street) had had no deaths. These people worked in the pub at 7 Cambridge Street. They had been given free beer, and so had not drunk the water from the pump. Snow suspected that the water pump was to blame. What is more, in another part of London, a woman and her daughter had died of cholera after moving away from Broad Street. It seemed that the woman liked the water from the pump so much that she had it delivered to her house every day. As a result of this evidence, John Snow was able to announce that the pump water carried cholera germs. Accordingly, he had the handle of the pump removed so that it could not be used. Through this intervention, the disease was stopped in its tracks.

The truth was that the water from the Broad Street pump had been infected by waste. Moreover, Snow was later able to show a link between other cases of cholera and the different water companies in London. Some companies sold water from the River Thames that was polluted by raw waste. The people who drank this water were much more likely to get cholera than those who drank pure or boiled water.

Through Snow's tireless efforts, water companies began to sell clean water and the threat of cholera around the world saw a substantial decrease. However, cholera is still a problem. Each year, millions of people around the world get cholera and many die from it. Fortunately, we now know how to prevent cholera, thanks to the work of John Snow. Moreover, in his use of maps and statistics, Snow transformed the way scientists study diseases. For this reason, Snow is considered the father of modern epidemiology.

（二）用下面的文章，设计推断母亲的性格特征的活动

可参考以下步骤：

第一步：在文章中找到mother的代称，例如her、mom、she等。

第二步：用竖直线将其隔开（mother|her|mom|she），使用AntConc进行检索。

第三步：学生分组观察节点词两侧的词语，推断文章中mother的性格特征。

A vacation with my mother

I had an interesting childhood: It was filled with surprise and amusements, all because of my mother—loving, sweet, and yet absent-minded and forgetful. One strange family trip we took when I was eleven tells a lot about her.

My two sets of grandparents lived in Colorado and North Dakota, and my parents decided to spend a few weeks driving to those states and seeing all the sights along the way. As the first day of our trip approached, David, my eight-year-old brother, and I unwillingly said good-bye to all of our friends. Who knew if we'd ever see them again? Finally, the moment of our departure arrived, and we loaded suitcases, books, games, camping equipment, and a tent into the car and bravely drove off. We bravely drove off again two hours later after we'd returned home to get the purse and traveler's checks Mom had forgotten.

David and I were always a little nervous when using gas station bathrooms if Mom was driving while Dad slept:" You stand outside the door and play lookout while I go, and I'll stand outside the door and play lookout while you go." I had terrible pictures in my mind: "Honey, where are the kids?" "What?! Oh, Gosh… I thought they were being awfully quiet." We were never actually left behind in a strange city, but we weren't about to take any chances.

On the fourth or fifth night, we had trouble finding a hotel with a vacancy. After driving in vain for some time, Mom suddenly got a great idea: Why didn't we find a house with a likely-looking backyard and ask if we could set up tent there? David and I became nervous. To our great relief, Dad turned down the idea. Mom never could understand our objections. If a strange family showed up on her front doorsteps, Mom would have been delighted. She thinks everyone in the world as as nice as she is. We finally found a vacancy in the next town.

六、研究能力培养

（一）使用衔接词，促进阅读理解

阅读下面的摘要，注意画线部分。

Textual cohesion patterns for developing reading skills:
A corpus-based multilingual learning environment

Svitlana Babych

This chapter proposes a systematic methodology for developing top-down processing strategies for L2/L3 reading, and the creation of contrastive linguistic resources that support them. The work specifically focuses on acquisition of reading strategies to support text comprehension using a multilingual electronic thesaurus of textual connectors for Russian, Ukrainian and English, which were systematically derived from large corpora and classified according to the author's semantic classification scheme. This thesaurus is then used for automatically annotating connectors in texts in the corpus to support reading strategies and to find texts of similar type or genre for teaching reading. This methodology was developed primarily for students of Russian learning to read Ukrainian, but it can be applied to the development of reading and writing skills in any L2.

Babych, S. Textual cohesion patterns for developing reading skills: A corpus-based multilingual learning environment. In Leńko-Szymańska, A. & Boulton, A. (eds.). *Multiple Affordances of Language Corpora for Data-driven Learning*. Philadelphia: John Benjamins Publishing Company, 2015: 155-176.

◎思考：

(1) What are the values of connectors in comprehending of texts and how are they classified?

(2) How is the corpus for teaching reading in FLT constructed?

(3) How is the corpus applied in language teaching practice?

（二）在数据驱动教学法中运用主题词，促进低水平学生文本理解

阅读下面的摘要，注意画线部分。

Exploiting keywords in a DDL approach to the comprehension of news texts by lower-level students

Alejandro Curado Fuentes

This study describes the influence of an explicit focus on keywords in news texts for classroom activities on reading comprehension of news items. The general objective was to examine whether exploiting keywords through various tasks can aid learners in subsequent decoding of information in a text. The specific objective was to conduct a study with business English students at B1 level in which electronic data-driven learning (DDL) is compared with more conventional paper-based activities. The experimental DDL group exploited KWIC concordances of news keywords, while the other group read and answered reading comprehension exercises targeting the same items. Pre-tests and post-tests were used to compare the progress of the two groups, while direct observation, logs and questionnaires provided further insight. From the test results and the participants' feedback, DDL activities focusing on news keywords seem to work favorably for the students' comprehension of news.

Fuentes, C. Exploiting keywords in a DDL approach to the comprehension of news texts by lower-level students. In Leńko-Szymańska, A. & Boulton, A. (eds.). *Multiple Affordances of Language Corpora for Data-driven Learning*. Philadelphia: John Benjamins Publishing Company, 2015: 177-197.

◎思考：

(1) How will a teacher build a corpus for a theme-based unit?

(2) What corpus-based task procedures are needed to carry out a concordance search?

(3) Why is it more effective to use data-driven learning than traditional teaching in this research?

参考文献

中华人民共和国教育部，国家语言文字工作委员会. 中国能力等级量表. 北京：高等教育出版社，2018.

中华人民共和国教育部. 普通高中英语课程标准. 北京：人民教育出版社，2020.

中华人民共和国教育部. 义务教育英语课程标准. 北京：北京师范大学出版社，2022.

Babych, S. Textual cohesion patterns for developing reading skills: A corpus-based multilingual learning environment. In Leńko-Szymańska, A. & Boulton, A. (eds.). *Multiple Affordances of Language Corpora for Data-driven Learning*. Philadelphia: John Benjamins Publishing Company, 2015: 155-176.

Fuentes, A. C. Exploiting keywords in a DDL approach to the comprehension of news texts by lower-level students. In Leńko-Szymańska, A. & Boulton, A. (eds.). *Multiple Affordances of Language Corpora for Data-driven Learning*. Philadelphia: John Benjamins Publishing Company, 2015: 177-197.

Khalifa, H. & Weir, C. *Examining Reading: Research and Practice in Assessing Second Language Reading*. Cambridge: Cambridge University Press, 2009.

Scott, M. PC Analysis of key words — and key key words. *System*, 1997, 25(2): 233-245.

Scott, M. & Tribble, C. *Textual Patterns: Key Words and Corpus Analysis in Language Education*. Philadelphia: John Benjamins Publishing Company, 2006.

第六单元

语料库与英语测试

一、问题导入

在英语课堂测试、单元测试或期中、期末测试命题或选题的过程中，教师经常遇到以下问题：（1）有些阅读材料来自英文报纸或网站，生词较多，教师想把难词和生词替换成新课标范围内的、意义相同或相近的词，但是难以确定改写后的材料是不是地道、正确；（2）在命制阅读选择题时，教师难以确定自己或别人所写选项是否准确、地道和得体；（3）在命制或选择完形填空题目时，教师对干扰项和原文是否仍然能组成正确的搭配没有把握；（4）在给学生提供作文范文时，教师对自己所写作文是否地道没有把握。

二、解决方案

本单元主要讲解以下四方面内容：（1）使用语料库辅助完形填空选项命题；（2）使用语料对比工具找出非课标词汇；（3）使用Word中的拼写和语法检查功能获得易读度信息；（4）使用AntConc中的高级检索功能获取句子和命制题目。

（一）使用语料库辅助完形填空选项命题

针对“问题导入”部分的第三个问题，教师A想研究一下高考完形填空的选项是否能和挖空处的前后部分形成正确搭配，从而获得经验来指导自己的命题。以浙江省2022年6月高考英语完形填空为例，第39题实际上考查的是trust的形容词搭配：absolute、reasonable、limited和important这4个选项是否能和trust搭配？搭配频率如何？

His trust in me is ______39______, which is quite a nice feeling, but at the same time gives me a huge sense of ______40______.

39. A. absolute　　B. reasonable　　C. limited　　D. important

40. A. responsibility B. relief C. satisfaction D. achievement

看第 39 空的搭配，检索步骤如下：

第一步：键入检索词。打开COCA，分别键入absolute trust、reasonable trust、limited trust和important trust，查看其频数和语例。以absolute trust为例，图 6-1 展示了如何键入检索项。

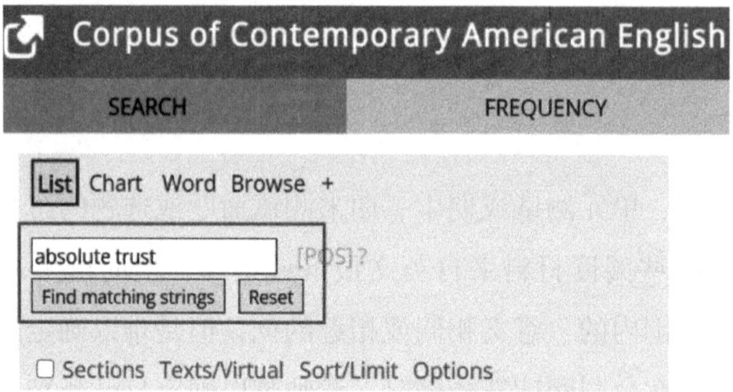

图 6-1 检索 absolute trust

第二步：看频数。根据COCA的搜索结果（见图 6-2），absolute trust的出现频数为 52，点击ABSOLUTE TRUST会出现语例。

图 6-2 absolute trust 出现频数

第三步：继续检索。用相同的方法在COCA检索，结果发现，reasonable trust出现频数为 0，limited trust出现频数为 3，important trust出现频数为 11。可以得出初步结论，由于未见reasonable trust的搭配，该选项存在 3 个问题：（1）从语言测试的反拨效应来看，该选项可能是错误搭配，会对学生语言学习产生负面输入；（2）学生可能没有接触过该选项，干扰性较低，降低了题目质量；（3）该选项的设置不符合测试原则，一般情况下，即使是干扰项，也应该和设空前后形成正确搭配。另外，虽然limited可以与trust搭配，但是只有 3 例，进一步查看可发现其中 2 例是专有名词搭配，这说明limited的选项设置也并不合适。

此时可以进行trust的搭配检索，见图 6-3。

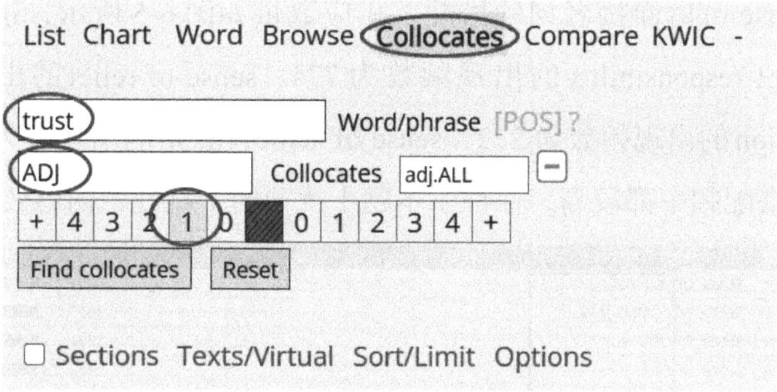

图 6-3 检索和 trust 搭配的形容词

将检索结果进行整理后，取频数排名前20的搭配（见表6-1）。可以看到，absolute的排序为12，如果想找到reasonable和limited的替代选项，可以从这些搭配中寻找。如果实在找不到，可以一直往后找。

表 6-1 和 trust 搭配的形容词

序号	搭配词	频数	序号	搭配词	频数
1	public	1123	11	political	56
2	mutual	307	12	absolute	52
3	national	306	13	donative	48
4	blind	239	14	interpersonal	45
5	charitable	157	15	great	44
6	living	153	16	fake	43
7	sacred	132	17	federal	43
8	fiduciary	123	18	irrevocable	43
9	northern	102	19	social	42
10	complete	90	20	revocable	41

再看第40空的搭配，检索步骤如下：

第一步：仍然使用COCA，键入sense of NOUN，意思是检索sense of后面加名词的搭配（见图6-4）。

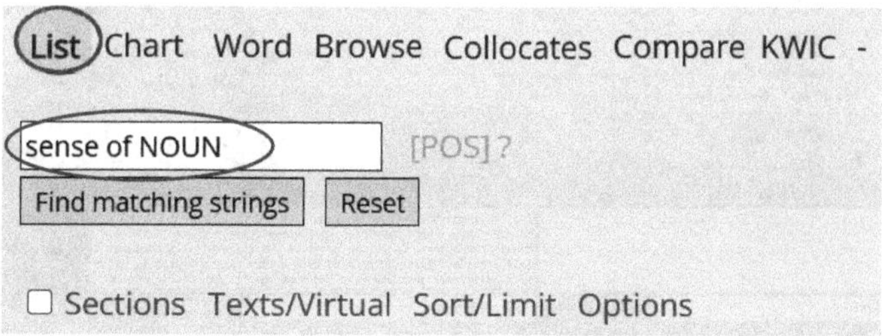

图 6-4 检索 sense of 后面的名词

第二步：sense of后面接名词的搭配及相应数量如图 6-5 所示，这里只呈现前 15 个语例。sense of responsibility的出现频数为 774，sense of relief的出现频数为 489，sense of satisfaction的出现频数为 222，sense of achievement的出现频数为 107。4 个选项与sense of的搭配频率都较高，保证了本题干扰项的干扰性、内容效度和真实性。

HELP	ⓘ	★	ALL FORMS (SAMPLE): 100 200 500 WORDS	FREQ	TOTAL 56,860 | UNIC
1	ⓘ	★	SENSE OF HUMOR	6692	
2	ⓘ	★	SENSE OF COMMUNITY	1539	
3	ⓘ	★	SENSE OF URGENCY	1391	
4	ⓘ	★	SENSE OF SELF	1352	
5	ⓘ	★	SENSE OF SECURITY	1115	
6	ⓘ	★	SENSE OF PURPOSE	947	
7	ⓘ	★	SENSE OF PLACE	845	
8	ⓘ	★	SENSE OF SMELL	815	
9	ⓘ	★	SENSE OF RESPONSIBILITY	774	
10	ⓘ	★	SENSE OF ENTITLEMENT	661	
11	ⓘ	★	SENSE OF LOSS	581	
12	ⓘ	★	SENSE OF ACCOMPLISHMENT	555	
13	ⓘ	★	SENSE OF PRIDE	534	
14	ⓘ	★	SENSE OF IDENTITY	517	
15	ⓘ	★	SENSE OF HUMOUR	490	

图 6-5　sense of 后面的名词检索结果

（二）使用语料对比工具找出非课标词汇

第一步：准备好两个txt文档，一个是要选用的文章，另一个是高中英语课标词汇表。

第二步：进入https://www.lextutor.ca/cgi-bin/tl_compare/，该网页的主要功能是对比两个文本的词汇。如图 6-6 所示，将高中英语课标词汇表复制粘贴到标有First text(s) here的框中，将要选用的文章粘贴到标有Second text here的框中，勾选Families，意思是对比的是词族，而不是所有的词形。教师可以交替勾选查看不同结果。然后点击右下角的Submit，结果如图 6-7 所示。

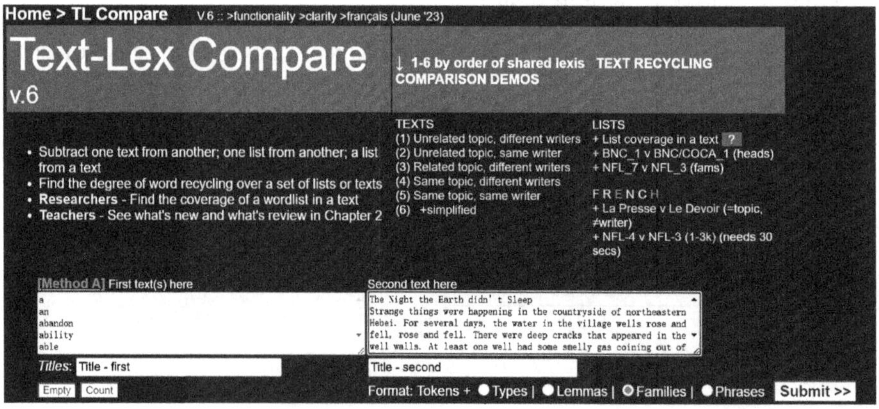

图 6-6　在 Text-Lex Compare 中对比课标词汇和文本词汇

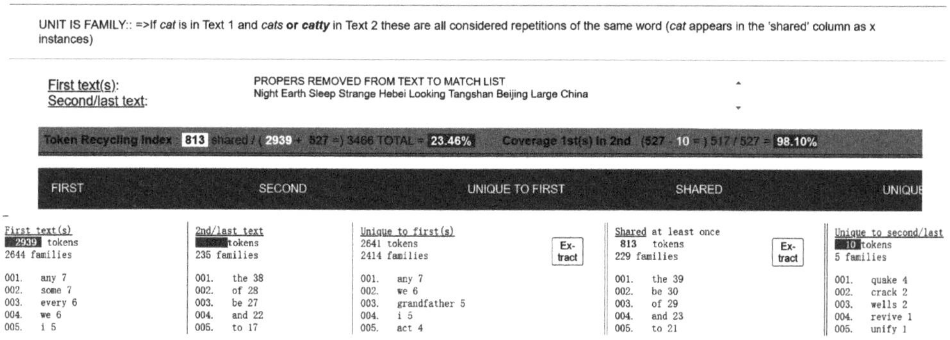

图 6-7　高中英语课标词汇和选用文章词汇的对比结果

图 6-7 上方举例解释了 word family 的概念：cat、cats 或 catty 都被认为是一个词。另外，专有名词都不做统计，例如 Hebei、Tangshan、Beijing。图中还包括数据的概述，词形的重复指数是 23.46%，高中英语课标词汇在这篇文章中的覆盖率是 98.10%，换言之，这篇文章约 98% 都是高中英语课标词汇。

图 6-7 右下角 Unique to second/last 展示了单独属于所选文章的词汇，即非课标词汇，这是做比较的主要目的之一。单独属于这篇文章的有 10 个词形，共 5 个词族：quake、crack、wells、revive 和 unify。按照命题要求处理这 5 个词族即可。

（三）使用 Word 中的拼写和语法检查功能获得易读度信息

在英语教学过程中，我们经常需要搜集材料，有时候对材料的难度无法把握。下面以高考读后续写为例，介绍一个简便易行的方法。

第一步：检查设置。打开 Word 文档，点击“文件”，选择“选项”，点击“校对”。在 Word 中更正拼写和语法时（如图 6-8 所示），将“键入时检查拼写”“键入时标记语法错误”“显示可读性统计信息”等进行勾选。点击右下角的“确定”，就可以看文档中的可读性信息，也就是易读度信息。

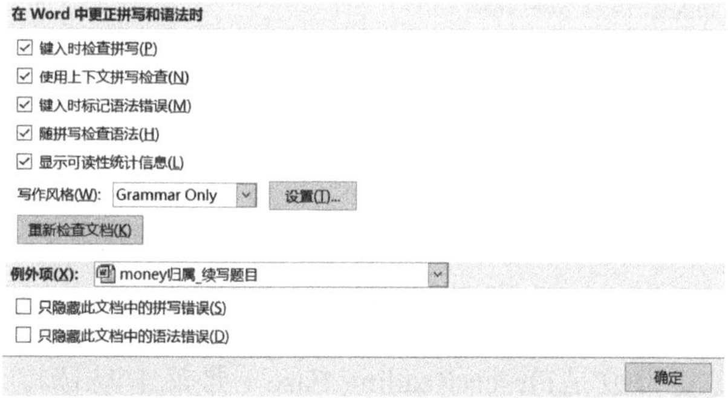

图 6-8　Word 中检查拼写和语法设置

第二步：选中要分析的文档，在选中文档的同时，点击工具栏中的“审阅”，后点击“拼写和语法”（见图 6-9）。当系统询问是否继续检查文档的其余部分时，点击“否（N）”。

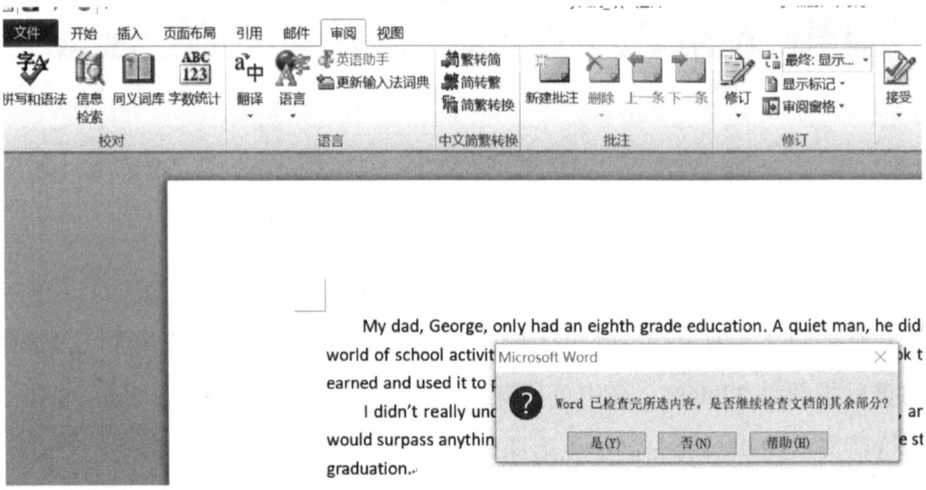

图 6-9　检查拼写和语法

然后就会出现图 6-10 所示的统计信息。第一组数据包括：文档共 304 词，1347 个字母，6 个段落，18 个句子。第二组数据是均值：每段平均 3 句话，每句平均 16.8 词，每词平均 4.2 个字母。第三组数据包括：被动句占 5%，以及两个易读度指数。

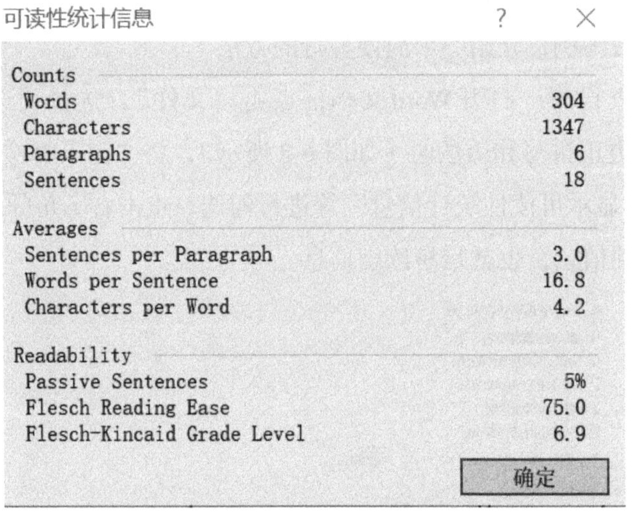

图 6-10　Word 中出示的可读性信息

最后两个易读度指数是 Flesch Reading Ease（弗莱士易读度）和 Flesch-Kincaid Grade Level（弗莱士-金凯德难度级数）。根据表 6-2，70—80 分相当于美国 7 年级学生的水平，说明稍微容易。关于弗莱士-金凯德难度级数，一般其数字本身就代表年级，6.9 相当于美国 7 年级学生的水平。这两个数据指向相同。再分析几篇近年高考读后续写真题的难度，这样我们就能大致判断出高考读后续写阅读部分的难度了。

表 6-2 弗莱士易读度和年级的对应

分数	年级	说明
90—100	5 年级	很容易
80—90	6 年级	容易
70—80	7 年级	稍微容易
60—70	8—9 年级	普通
50—60	10—12 年级	稍微困难
30—50	大学	有难度
10—30	大学毕业	很难
0—10	专业	极难

（四）使用 AntConc 中的高级检索功能获取句子和命制题目

在记叙文教学中，教师常常想训练学生对某个类别的单词的使用，例如心理描写类、行为动作类，或者更细致的，例如与“说”有关的单词。当前开发的自动命题软件，例如 Test Builder，缺点是教师无法控制所选句子的难度，导致所命制的题目无法使用，最后只能批量搜索，然后自己挑选。

下面我们演示如何检索一组词，然后用检索结果命制填空题。下面是常见的与“说”有关的单词，将其保存为 txt 文档。

say speak talk beg boast protest sigh shout whisper scream

murmur declare utter claim howl roar scold exclaim gossip

我们可以使用 AntConc 中的批量检索方法，在 SET-RJB、SET-BSD、SET-WYB 语料库[①]中检索相关例句，然后手动命制出填空、选择等练习或测试题。

第一步：打开 AntConc，如图 6-11 所示，将 SET-RJB、SET-BSD、SET-WYB 语料库载入 AntConc，点击搜索框右面的 Advanced，就出现了图中 Advanced Search 界面。勾选 Use search term(s) from list below，点击 Load File，导入与“说”有关的单词的 txt 文档，点击 Apply，再点击 Start。

① 指外研版高中英语教材语料库。

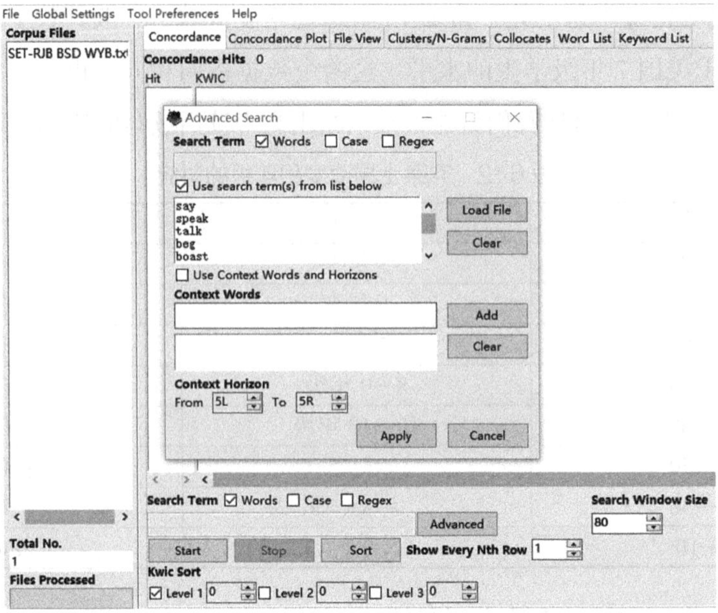

图 6-11 使用 AntConc 高级检索中 Use search term(s) from list below 界面

第二步：检索结果如图 6-12 所示，共搜索到 145 个语例，教师可以从中挑选 10—20 个设计测试题目。有三种测试形式可供选择：下画线、填空和首字母填空。

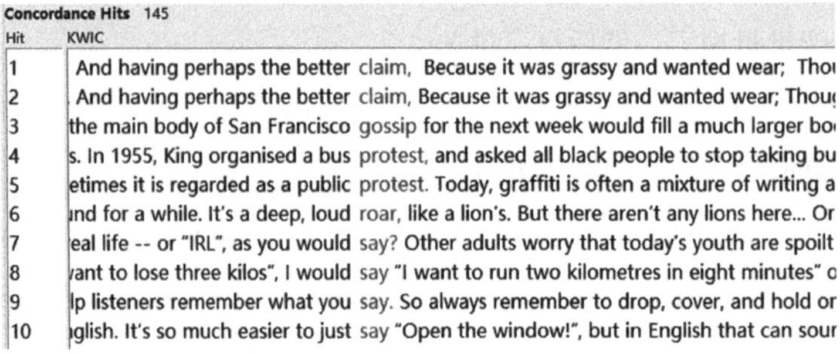

图 6-12 批量检索关于“说”的单词

三、理论依据

（一）内容效度

如果一项测试的内容构成了与之相关的语言技能和语法结构等方面的代表性样本，那么它就被认为具有内容效度。例如，语法测试必须由与语法知识或技能有关的题目组成。但这本身并不能确保内容的有效性，只有在包含相关语法结构的适当样本的情况下，该测试才会具有内容效度。当然，相关的语法结构是什么取决于测试的目的，我们不希望中级学习者的测试包含与高级学习者相同的语法结构。同样，阅读测试的内容应该反映出特定的阅读技能（例如略读大意、扫读信息等），以及相应的文本类型和文章难度。

为了判断一项测试是否具有内容效度，我们需要对它所涵盖的技能或结构等进行说明。这类考试说明应在测试开发的早期阶段就制定出来，因为考试本身就是一种抽样，考试说明中的内容并不见得都会出现在测试中，但它将为测试开发提供一个基础，可以帮助命题者按照一定的原则选择要包含在测试中的元素。判断内容效度的方法之一就是对比考试说明和测试内容，理想情况下，这些判断应该由熟悉语言教学和测试但不直接参与命题的人员来进行。

内容效度具有重要意义，测试的内容效度越高，就越有可能准确测量它应该测量的内容，即具有构念效度。一个测试如果不能涵盖主要测试内容，那这个测试是不可能准确的，反而可能会对教学产生有害的反拨效应，未测试的内容也容易被师生忽视。要保证测试的内容效度，最好的办法就是编写详细的考试说明，并确保测试内容公平地反映说明中的内容。对内容效度的验证应该边命题边进行，而非等到测试开始才进行。

Pan和Qian（2017）借助语料库进行了上海英语高考语法测试的内容效度验证。他们指出，在编写语法项目时，测试开发人员往往在很大程度上依赖于他们个人的语法知识，甚至直觉，而没有更多地参考语言的典型性或实际使用情况。为了在英语测试中解决这个问题，他们建设了学生英语语言错误语料库来辅助开发和验证语法测试。研究发现，语法测试部分具有适当的内容覆盖面和相关性，这表明测试内容测量了欲测的语法特征。此外，测试中的语法项目和之前参加过测试的学习者产生的语法错误之间有着紧密的联系。他们也发现由于某些语法项目与英语母语者的典型输出不太一致，因此在内容典型性方面存在缺陷。LaFlair和Staples（2017）将学生口语测试的产出和语料库中学生实际生活中使用的语言做了对比，验证了口语测试表现外推（extrapolate）到实际生活中的程度，这从一定程度来讲验证的也是内容效度。苏殷旦（2021）利用AntWorldProfiler软件检索高考完形填空和高考词汇表两个语料，验证了高考完形填空的内容效度，结果发现，高考英语完形填空的语篇长度、难度和设空间距均在合理范围之内。

（二）语言复杂度

在二语写作研究中，复杂度指的是语言复杂度，而非任务或认知复杂度。语言复杂度指的是学习者完成语言任务时所产出语言的精细（elaborate）和多样（varied）程度。语言复杂度可分为多个种类，经常研究的是词汇复杂度和句法复杂度。词汇复杂度即目标文本中词汇的深度和广度，从客观量化的角度对语言复杂度加以考察。词汇量、词汇密度（lexical density）、词汇丰富性（lexical variation）和词汇复杂性（lexical sophistication，简称LS）是词汇复杂度的主要维度。

句法复杂度指语言产出中句法结构的多样性及复杂性。Biber、Gray和Staples（2016）在研究托福网考的口语和写作任务中，从不同生产模式（口语与书面）、任务类型（独立与综合）和所得分数（1、2、3、4）三个角度，考察了语法复杂性。他们考虑了23个特征，其中包括单词长度和词性类别（如名词）、从句（如状语从句）和短语结构（如“名词+短语”）。陆小飞和许琪（2016）提出了14个指标（见表6-3），并提供了免费分析软件。

表6-3　句法复杂度测量指标

类别	指标
单位长度	（1）平均子句长度
	（2）平均句子长度
	（3）平均 T单位长度
句子复杂度	（4）每个句子中的子句数量
从属子句使用量	（5）每个T单位中的子句数量
	（6）复杂T单位比率（即每个T单位中的复杂T单位数量）
	（7）从属子句比率（即每个子句中的从属子句数量）
	（8）每个T单位中的从属子句数量
并列结构使用量	（9）每个子句中的并列短语数量
	（10）每个T单位中的并列短语数量
	（11）并列句比率（即每个句子中的T单位数量）
特定短语结构	（12）每个子句中的复杂名词性短语数量
	（13）每个T单位中的复杂名词性短语数量
	（14）每个T单位中的动词短语数量

（三）评分标准和文本特征分析

评分标准是一组针对学生表现的通用描述语，可用于以系统的方式为每个学生的写作或口语等表现打分。一个评分标准包括若干等级，每个级别都有对该级别表现的描述。对每个分数级别表现的描述基于考试说明中对于写作或口语能力的定义。在开发和验证评分标准时，研究人员可以利用考生的作文或口语语料建立语料库并对其进行分析，以构建基于证据的评分标准。以高考读后续写评分标准（见表6-4）为例，评分标准被分为五档，每档 5 分，共 25 分。每个档次从内容、语言和衔接三个角度衡量学生的读后续写水平。那么，五档作文真的比四档作文在这三个方面表现更好吗？这就需要对两个不同档次的作文进行文本特征分析。

表 6-4 高考读后续写评分标准

档次	描述
第五档（21—25）	• 创造了丰富、合理的内容，富有逻辑性，续写完整，与原文情境融洽度高 • 使用了多样并且恰当的词汇和语法结构，可能有个别小错，但完全不影响理解 • 有效地使用了语句间衔接手段，全文结构清晰，意义连贯
第四档（16—20）	• 创造了比较丰富、合理的内容，比较有逻辑性，续写比较完整，与原文情境融洽度较高 • 使用了比较多样并且恰当的词汇和语法结构，可能有些许错误，但不影响理解 • 比较有效地使用了语句间衔接手段，全文结构比较清晰，意义比较连贯
第三档（11—15 分）	• 创造了基本合理的内容，有一定的逻辑性，续写基本完整，与原文情境相关 • 使用了简单的词汇和语法结构，有一些错误或不恰当之处，但基本不影响理解 • 基本有效地使用了语句间衔接手段，全文结构基本清晰，意义基本连贯
第二档（6—10 分）	• 内容或逻辑上有一些重大问题，续写不够完整，与原文情境有一定程度脱节 • 所使用的词汇有限，语法结构单调，错误较多，影响理解 • 未能有效地使用语句间衔接手段，全文结构不够清晰，意义不够连贯
第一档（1—5 分）	• 内容或逻辑上有较多重大问题，或有部分内容抄自原文，续写不完整，与原文情境基本脱节 • 所使用的词汇有限，语法结构单调，错误很多，严重影响理解 • 几乎没有使用语句间衔接手段，全文结构不清晰，意义不连贯

我们可以挑选四档和五档的读后续写作文各 15 篇，用 Coh-Metrix 软件[①]进行分析，然后对比两组作文的差异。如表 6-5 所示，我们看到五档续写在句子长度和词语长度方面高于四档续写。四档续写在叙事性和简约度方面要高于五档续写，这说明五档续写有更多叙事以外的描写或者议论等内容，其句法要高于四档续写。词汇多样性方面，五档续写也略高于四档续写。另外，五档续写的连词比例也高于四档续写。从句法复杂度指标来看，五档续写在中心词前后都有更多修饰语。五档续写在名词短语、介词短语和动名词密度方面都高于四档续写。最后的易读度指数更为直接，弗莱士-金凯德难度级数表明，五档续写相当于美国 5—6 年级难度，而四档续写相当于美国 3—4 年级难度。

① Coh-Metrix 是一个计算工具，它能产生文本的语言和话语表征的指标。这些值可以用许多不同的方式来研究明确文本的衔接和文本的心理表征的一致性。

表 6-5 四档、五档读后续写文本特征差异

模块	变量	四档	五档
描述统计	句子平均长度	11.658	14.109
	单词平均音节	1.242	1.321
文本易读度主成分	叙事性 Z 分数	1.445	0.893
	句法简约性 Z 分数	0.941	0.39
词汇多样性	所有词的词汇多样性	0.406	0.483
连词	所有连词比例	68.375	89.119
	因果连词比例	75.851	84.664
句法复杂度	主动词前面的词的左面嵌套结构平均数	3.368	3.847
	每个名词短语的修饰语数量平均数	0.642	0.748
句型密度	名词短语密度	325.53	331.912
	介词短语密度	81.382	96.161
	动名词密度	15.979	27.53
易读度指标	弗莱士–金凯德难度级数	3.609	5.494
	Coh–Metrix L2 Readability	19.434	11.455

四、优质课例示范和理论分析

（一）课例示范

课例 1

高考完形填空的内容效度验证

主讲教师：杭州师范大学附属中学　苏般旦

本课例介绍了如何使用语料库验证高考完形填空的内容效度。综合前人研究，本课例从篇章特点和考点效度两大维度共八个分析项目出发，对 2016 年 10 月—2020 年 7 月浙江省高考英语完形填空篇章和试题进行研究。考纲词汇覆盖率作为衡量篇章难度的一个重要指标，是完形填空内容效度的主要内容之一。因此，本课例将对考纲词汇覆盖率进行语料库辅助分析。

教师将试题保存为 Word 格式文档，对该文档进行人工校对，确保其不存在单词错拼、乱码等明显问题，无误后再将其保存为 txt 纯文本格式，使用 UTF-8 编码保存文本并将其命名为 cloze test。随后，教师将课标词汇与考试说明词汇合并，用上述方式将其保存并建成微型词汇语料库，命名为“课标词汇”。

生词率也是文本词汇中一个不可忽视的因素。为了探索2016年6月—2020年7月浙江省高考英语完形填空篇章中的生词率，教师将课标词汇语料库与cloze test语料库进行对照，并通过语料库软件AntWordProfiler得出每一篇完形填空篇章的生词率。为了排除屈折和派生形式被视作新词而产生的统计误差，教师对cloze test语料库的词族进行了分析，将该语料库里面的单词都进行同词族还原后，得出每个篇章的生词率。研究发现，2018年6月的生词率最低（0.8%），而2019年6月的生词率最高（9.3%），该结果在一定程度上表明，2019年6月的篇章是最难的。那么生词率的差异会在多大程度上影响学生答题呢？

为了进一步探究该问题，教师继续运用AntWordProfiler将课标词汇语料库和cloze test语料库进行对照。结果显示，在近几年浙江省高考英语完形填空中，属于课标词汇的类符数为726，占比78.49%；不属于课标词汇的类符数为199，占比21.51%。通过仔细研究试题中的非课标词可以发现，绝大部分都是专有名词，如Warsaw、Las Vegas、Bournemouth、Berlin、Dublin、Iraq等都是表示地名的专有名词，又如Gene、Alia Baker等都是人名，这些词虽属于非课标词汇，但是都不会影响学生做题。个别超纲词汇也已给出中文解释，如dumbfounded（惊呆）、sideline（副业）、lawn（草坪）、slumped（倒伏）、rotate（转动）等，只有backside是非课标词汇且没有给出中文，但是可以通过英语构词法大致猜出其意思。

课例 **2**

faith和belief辨析练习题的编制

主讲教师：杭州市余杭中学　程玲

《普通高中教科书　英语　必修　第三册》第一单元里的课文“Festivals and celebrations”中出现了“Festivals reflect people’s wishes, beliefs, faiths, and attitudes towards life.”一句，学生对句中belief和faith的用法感到困惑。教师先使用网络词典廓清belief和faith的语义，再使用COCA对比faith和belief作宾语时的动词搭配典型语例，然后在AntConc中键入faith|belief，检索这两个词的索引行，最后使用检索出来的语料设计了如下练习题。

从faith/belief中选择正确的词填空。

1. Contrary to popular ______ Australia is not a dull place at all for people wanting culture.
2. He shows how important it is never to lose ______ in the struggle for freedom and

independence of his country.

3. They became cynical and no longer had any hope or ______ in the world they had grown up in—a young and lost generation.

4 Scientists hold the ______ that cloning may lead to many important scientific breakthroughs and medical treatments.

5. With all the international effort being made, we have to have ______ that there will besolutions in time to stop a Bird Flu epidemic in its tracks.

6. In China, there is a popular ______ that true friends are people who have had similar lifeexperiences.

参考答案：1. belief；2. faith；3. faith；4. belief；5. faith；6. belief

（二）理论分析

课例 1 运用语料库词汇覆盖技术检验了高考完形填空的内容效度，其中的假设是：只要高考完形填空中的词汇和高考词汇表中的词汇重合率达到一定程度，那么高考完形填空就是有内容效度的。该假设进一步拓宽了内容验证的视野。该课例运用到语料库的两个方面，一是建立完形填空语料库，二是使用语料库检索工具，并使用词汇表来检验高考完形填空语篇的词汇覆盖。这一技术为教师在日常教学中选择适当的素材提供了便利。

课例 2 运用网络词典和COCA中对比词汇用法的功能，对比了faith和belief的用法，并利用COCA中的语料编制了词汇练习题。词汇对比是中小学英语教学的难点。如果单从词汇的汉语翻译来看，两个词的意思相近，但是涉及词汇的搭配，即其左右两边经常跟什么词时，其差异就一目了然了。语料库通过典型用法对比，恰恰能帮助解决这个难点。通过词汇练习题来巩固词汇用法知识，能达到事半功倍的效果。另外，语料库提供素材，也避免了教师自己造句带来的语言地道性不足等问题。

五、能力拓展训练

（一）利用语料库编制过去分词测试题

教师经常发现学生会写错teach或stand等词的过去分词，于是打算命制一份过去分词测试题，来了解学生对过去分词的掌握情况，以便实施补救性教学。教师发现，词典里面的句子常常含有生词，于是用自建的教材语料库来寻找含有过去分词的句子。

第一步：用TreeTagger给教材语料赋码，赋码方法详见第七单元。

第二步：使用AntConc，键入VVN，代表past participle of lexical verb，然后搜索并找到需要的句子。

第三步：编制填空题，注意提供答案。

（二）在语料库中寻找记叙文

教师在读后续写教学中，经常发现学生不能全面准确地概括前文，于是想在教材语料库中找到一组记叙文，让学生写记叙文概要，来提高他们的记叙文概括能力。

第一步：了解语料库的文本标记。在本书使用的SET-RJB、SET-BSD、SET-WYB语料库中，各类文体的标记如下：

A = 议论文

E = 说明文

NA = 记叙文

NR = 新闻报道

NM = 新媒体语篇

O = 口语语篇

P = 应用文

第二步：如图 6-13 所示，使用AntConc搜索[NA]，点击Start，查看文章所属领域、可读性信息和其他有标记的信息，确定文章是否适合学生使用。

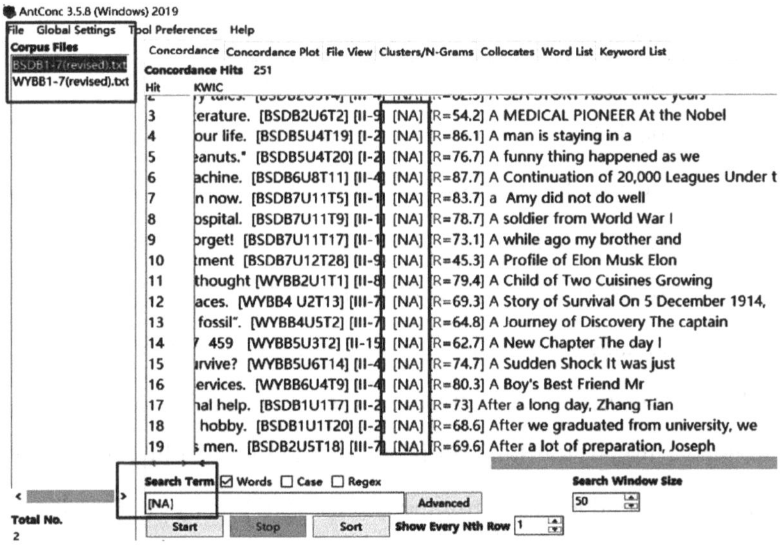

图 6-13　记叙文的语料库搜索

六、研究能力培养

（一）语料库辅助英语口语测试的效度验证

阅读下面的摘要，注意画线部分。

Using corpus linguistics to examine the extrapolation inference in the validity argument for a high-stakes speaking assessment

Geoffrey LaFlair, Shelley Staples

Investigations of the validity of a number of high-stakes language assessments are conducted using an argument-based approach, which requires evidence for inferences that are critical to score interpretation. The current study investigates the extrapolation inference for a high-stakes test of spoken English, the Michigan English Language Assessment Battery (MELAB) speaking task. This inference requires evidence that supports the inferential step from observations of what test takers can do on an assessment to what they can do in the target domain. Typically, the extrapolation inference has been supported by evidence from a criterion measure of language ability. This study proposes an additional empirical method, namely corpus-based register analysis, which provides a quantitative framework for examining the linguistic relationship between performance assessments and the domains to which their scores are extrapolated. This approach extends Bachman and Palmer's focus on the target language use (TLU) domain analysis in their study of assessment use arguments by providing a quantitative approach for the study of language. We first explain the connections between corpus-based register analysis and TLU analysis. Second, an investigation of the MELAB speaking task compares the language of test-taker responses to the language of academic, professional, and conversational spoken registers, or TLU domains. Additionally, the language features at different performance levels within the MELAB speaking task are investigated to determine the relationship between test-takers' scores and their language use in the task. Following previous studies using corpus-based register analysis, we conduct a multi-dimensional (MD) analysis for our investigation. The comparison of the language features from the MELAB with the language of TLU domains revealed that support for the extrapolation inference varies across dimensions of language use.

LaFlair, G. & Staples, S. Using corpus linguistics to examine the extrapolation inference in the validity argument for a high-stakes speaking assessment. *Language Testing*, 2017, 34(4): 451-475.

◎思考:

(1) Discuss with your partner about an important spoken English test you have taken or will take.

(2) What is the relationship between your students' performance in a test with that in the real world?

(3) Try to find or construct a corpus of the students' spoken or written English performance on a test and a corpus of real world spoken or written English corpus. Use the method in this study to compare them.

（二）语料库辅助语法命题

阅读下面的摘要，注意画线部分。

When BAWE meets WELT: The use of a corpus of student writing to develop items for a proficiency test in grammar and English usage

Gerad Paul Sharpling

This article reports on the use of the British Academic Written English (BAWE) corpus as a source for developing test items for the Grammar and English Usage section of the Warwick English Language (WELT) test in 2007. A key feature of this newly designed multiple choice grammar test was its use of student-generated writing. The extracts used for the re-designed test were derived directly from the BAWE corpus, as opposed to text books, published sources or indeed, simulated extracts of academic writing devised by test developers, which had been the case previously. The rationale for using the BAWE corpus for language test design is outlined, with a particular focus on the attributes of the students' writing within the corpus, and the inclusion of both first and second language writing. The challenges involved in developing grammar test items based on BAWE corpus data are also presented. While the procedures set out in the paper were undertaken within a specifically British higher education setting, it is hoped that the research will be of interest to test developers and/or researchers in writing skills in other academic settings worldwide.

Sharpling, G. P. When BAWE meets WELT: The use of a corpus of student writing to develop items for a proficiency test in grammar and English usage. *Journal of Writing Research*, 2010, 2(2): 179-195.

◎思考：

(1) Discuss with your partner about the sources of the grammar and vocabulary tests.

(2) Where will you get the language materials to test the students' grammar and lexical ability, the textbooks, the authentic materials from online newspaper, corpus, or from EFL or ESL's written or spoken materials?

(3) Try to investigate the sources of grammar tests using interview questionnaire.

参考文献

陆小飞，许琪. 二语句法复杂度分析器及其在二语写作研究中的应用. 外语教学与研究, 2016(3): 409-420，479-480.

苏殷旦. 基于语料库的高考英语完形填空测试内容效度历时研究. 基础外语教育, 2021(2): 82-91.

Biber, D., Gray, B. & Staples, S. Predicting patterns of grammatical complexity across language exam task types and proficiency levels. *Applied Linguistics*, 2016, 37(5): 639-668.

LaFlair, G. & Staples, S.Using corpus linguistics to examine the extrapolation inference in the validity argument for a high-stakes speaking assessment. *Language Testing*, 2017, 34(4): 451-475.

Lu, X. Automatic analysis of syntactic complexity in second language writing. *International Journal of Corpus Linguistics*, 2010, 15(4): 474-496.

Pan, M. & Qian, D. Embedding Corpora into the Content Validation of the Grammar Test of the National Matriculation English Test (NMET) in China. *Language Assessment Quarterly*, 2017, 14(2): 120-139.

Sharpling, G. P. When BAWE meets WELT: The use of a corpus of student writing to develop items for a proficiency test in grammar and English usage. *Journal of Writing Research*, 2010, 2(2): 179-195.

第七单元

小型语料库建立

一、问题导入

与课文或原版小说相比，学生在记叙文写作中使用的副词非常贫乏。这一点尤其表现在以下几个方面：不能灵活地使用各类副词表达人物的心理和情感，不能准确地使用方式副词修饰动作，或使用程度副词修饰形容词和其他句子成分。教师希望建立小型语料库，运用语料库检索工具归类和分析学习材料中的副词，帮助学生观察副词在语境中的使用，进而能够独立地在写作中使用副词。

二、解决方案

本单元主要介绍以下四方面内容：（1）建立小型读后续写原文语料库；（2）使用AntFileConverter清理文本；（3）人工标注；（4）标注语料库中的元信息。

（一）建立小型读后续写原文语料库

"问题导入"部分提到的困扰较为普遍，但教师和学生不可能逐个找出教材中的副词。此时需要将目标语料集中在一起，用软件给语料赋码，标注出词性，然后运用语料检索工具来检索出所有副词，做成教学材料，运用到教学实践中。这实际上是在建立小型语料库。下面是建立小型语料库的大致步骤。

第一步：确定语料。教师可以从教材、考试题目和课外读物中选择语料，如果面对的是成绩中等的学生，或者处于基础年级（例如高一）的学生，那么教材中的材料或者考试题目是较好的选择，这些材料严格按照课程标准的词汇表编写，适合这些学生的水平，他们能够较为轻易地读懂。同时，在输出方面，课外读物又高于学生现有水平，能够帮助学生提高写作能力。基于以上原因，我们决定使用6份高考真题的读后续写文本作为材料，真题的使用可以确保语言质量。

第二步：语料加工。我们手中的高考真题都是Word格式的，语料库检索要求使用txt格式，所以需要先将Word文档转换成txt文档。另外，在保存前，要确保文本在拼写和标点等方面准确无误。每份读后续写文本都是一个单独的文件。转换步骤如图7-1所示：点击“文件”，接着点击下拉菜单中的“另存为”，在“保存类型”中选择“纯文本”保存即可。

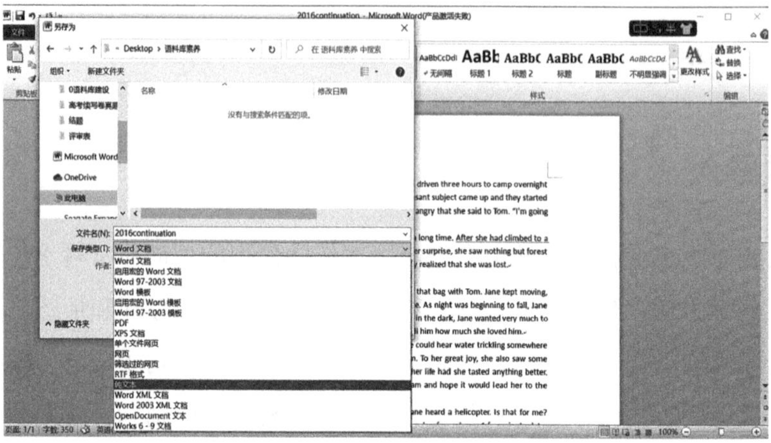

图 7-1 Word 文档转换成 txt 文档

第三步：将txt文档另存为语料库工具可以检索的格式，如图7-2所示：点击“文件”，选择“另存为”，在“编码”框内选择ANSI保存即可。

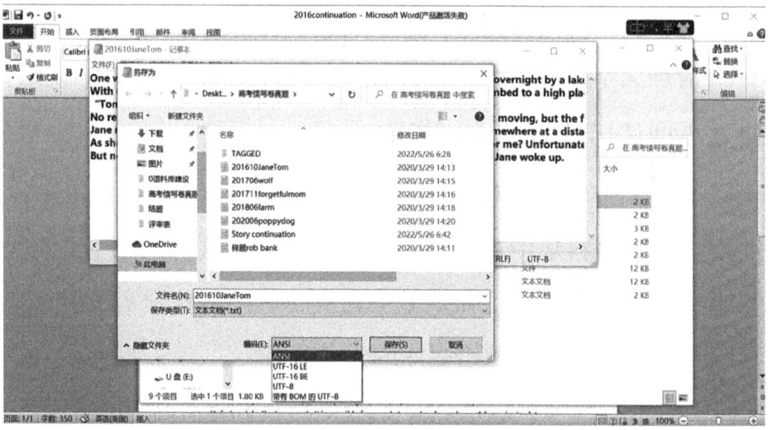

图 7-2 txt 文档保存为 ANSI 格式

文档转换完成后，将6个txt文档保存在一个文件夹中备用。

第四步：词性赋码。词性赋码的意思是给每个词标记词性。这里使用了TreeTagger词性赋码软件，该软件可以免费下载，其界面如图7-3所示。请注意圈中的按钮。

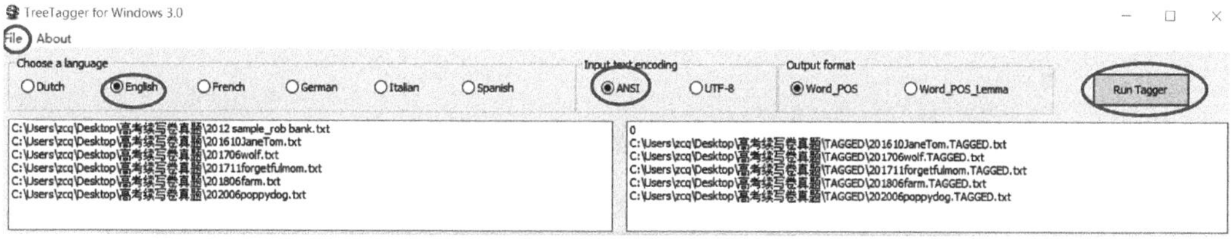

图 7-3 TreeTagger 的界面

将要赋码的文档载入TreeTagger，其步骤见图 7-4：点击File，选择Open text files，选中文件后将其打开，此时 6 个文档就载入成功了。点击Run Tagger，就会得到词性赋码后的语料，界面如图 7-5 所示。

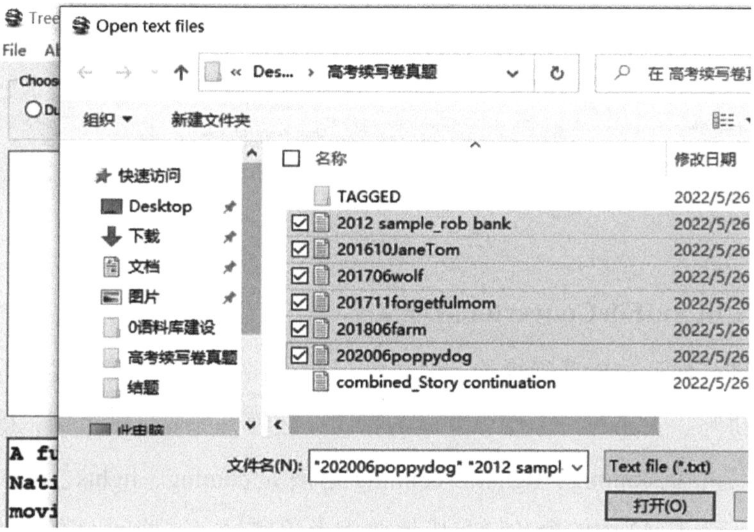

图 7-4 将文档载入 TreeTagger 中

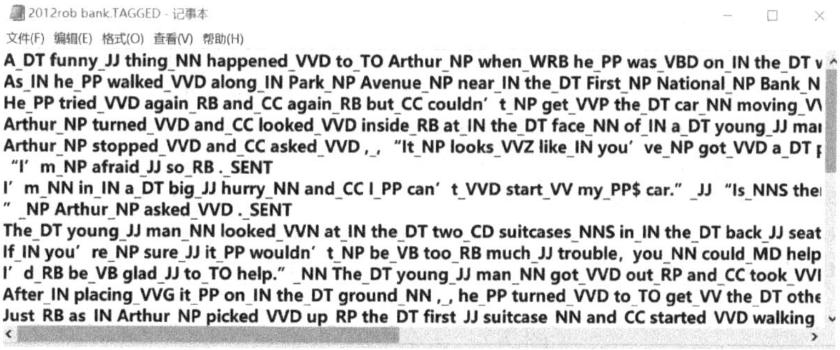

图 7-5 词性赋码后的 txt 文档

第五步：搜索副词和归类。从本单元末的赋码集中可以得知RB是adverb（副词）的标记，使用AntConc就可以搜索到所有的副词，如图 7-6 所示。教师可以设计归类和填空等题目，帮助学生学习理解副词并加以运用。

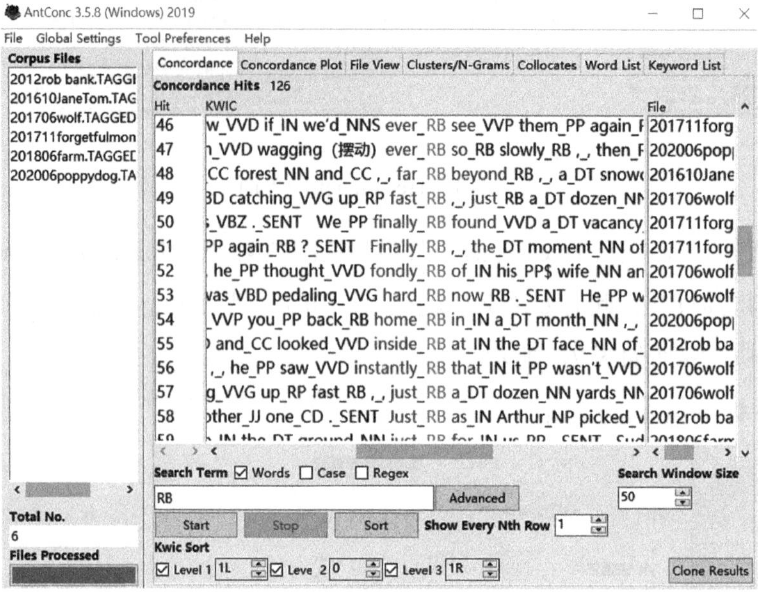

图 7-6　副词搜索结果

（二）使用AntFileConverter清理文本

文本清理是保证分析准确性的首要条件，通过扫描或者从网页复制等方式得到的文档会出现拼写、大小写、标点等方面的错误。教师首先要仔细审阅，确保没有这些问题。图 7-7 中的coining、tights和conning应该是coming、lights、coming；Looking应该是looking，3：42 中的全角冒号应该改为半角冒号。这些问题都要教师自己在第一时间修改正确。

Strange things were happening in the countryside of northeastern Hebei. For several days, the water in the village wells rose and fell, rose and fell. There were deep cracks that appeared in the well walls. At least one well had some smelly gas coining out of it. Chickens and even pigs were too nervous to eat, and dogs refused to go inside buildings. Mice ran out of the fields Looking for places to hide, and fish jumped out of the water. At about 3:00 a.m., on 28 July 1976, bright tights were seen in the sky outside the city of Tangshan and loud noises were heard. But the city's one million people were asleep as usual that night.

At 3：42 a.m., everything began to shake. It seemed as if the world were conning to an end!

图 7-7　文本中的问题

另外，如果此时做一个Wordlist，如图 7-8 所示，就会发现语例 280 和语例 281 两个单词是乱码，其他地方也有乱码，这种情况就降低了分析的准确性。为了保证分析数据的清洁，我们可以使用AntFileConverter清理文本。

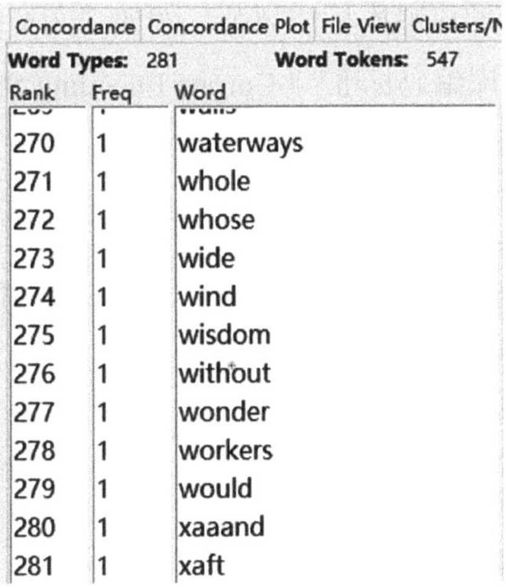

图 7-8　文本 Wordlist 局部

如图 7-9 所示，将课文“The night the earth didn’t sleep”的 Word 文档通过 File 进入 AntFileConverter 的 Input Files 1，点击 Start，右侧的 Output Files 1 就出现了 txt 文档，表明文档已经完成清理。然后在 Word 文档所在的文件夹中，就出现了清理好的 txt 文档。经过以上两步清理工作，基本就可以放心使用相关文档了。

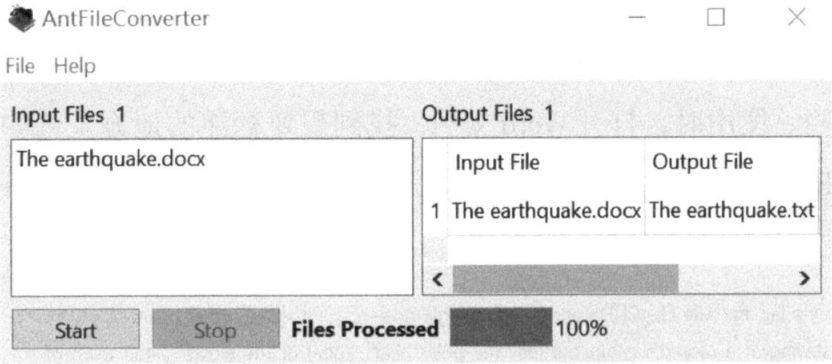

图 7-9　在 AntFileConverter 中清理文本

（三）人工标注

上面演示了如何使用 TreeTagger 做词性标注，这属于机器标注。我们还可以进行手工标注，即教师根据自己的判断，通过标注软件在文本中标注应当关注的信息。例如，教师 A 和教师 B 想建立一个标注了记叙文教学各要素的记叙文语料库，他们首先就要根据教学需求建立一个标注体系（见表 7-1），包括记叙文要素、各类描写、过渡词、修辞手法和多样句式及其子类别。由于要建立的小型语料库主要是中小学教师为了满足日常教学使用，因此实用性放在第一位，再加上条件的限制，制作出来的语料库不一定符合某些严格的语料库标注规范，例如“文本编码倡议”（Text Encoding Initiative，TEI）或“语料库编码标准”（Corpus Encoding Standard，CES），但是只要能够帮助提高学生英语水平，就达到了建库目的。

表 7-1　记叙文语篇标注体系（共 5 大类，13 小类）

记叙文要素	各类描写	过渡词（TRS）	修辞手法（FOS）	多样句式(PTN)及其子类别
主题（THM）	具体动作描写（SAC）	时间或其他连接副词等	比喻、拟人、反复、排比、反问等	倒装、-ing 或 -ed 形式作状语、独立主格结构、虚拟语气用法
人物（CHR）	心理情感活动描(PSY)			
评价（EVL）	人物性格特征描(PRS)			
矛盾解决（SOL）	景物描写（SES）			
结尾（EDG）	外貌描写（APR）			

我们可以通过AnnoTool软件进行标注。点击AnnoTool.ini软件，输入我们的标注体系，共 13 小类。随后再打开AnnoTool.exe软件，便出现如下界面（见图 7-10）：

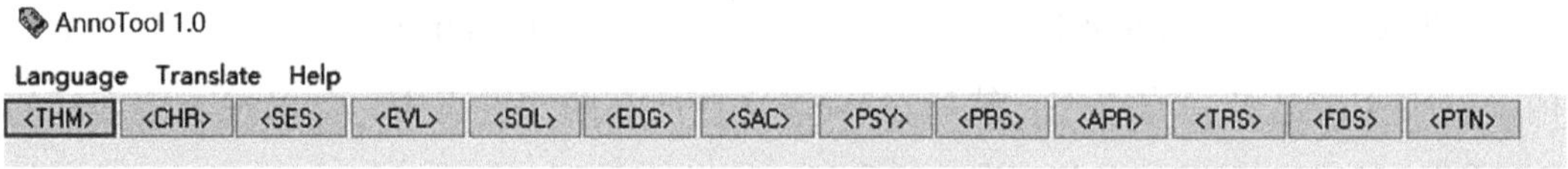

图 7-10　AnnoTool 标注工具使用界面

因为AnnoTool只能在Word文档下使用，所以在标注时，须将要标注的txt文本先转为Word文档。使用时，打开Word文档，找到想要标注的地方。例如，若想在Elli后标注“CHR”，即人物，将鼠标光标放在Elli后，点击AnnoTool中的“<CHR>”，即可完成标注，如图 7-11 所示。

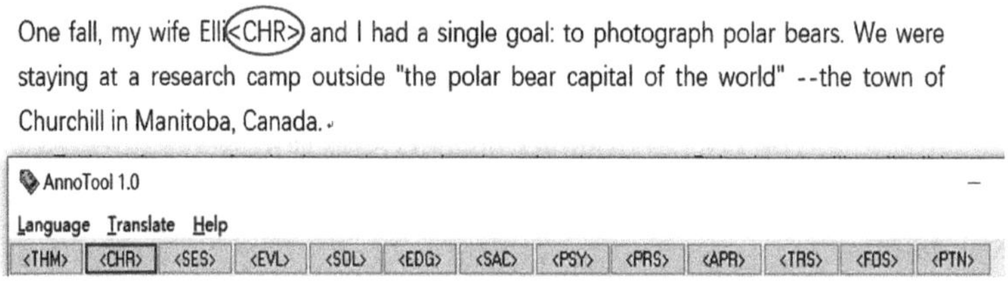

图 7-11　标注过程

图 7-12（Pan & Qian, 2017）呈现了高中英语作文的错误标注体系，分为形式、动词、名词、代词、形容词、副词、介词、连词、词汇、搭配、句子、时态、标点和冠词 14 个种类。以动词错误的标注为例：vp1 代表动词类型（pattern），vp2 代表固定短语（set phrase），vp3 代表小词（participles），vp4 代表不定式或动名词（infinite/gerund），vp5 代表语气（mood），vp6 代表情态动词或助动词（modal/auxiliary），vp7

代表语态（voice），基本涵盖了各类写作中的动词错误。

Form (fm)		Verb (vp)		Noun (np)		Pronoun (pr)	
fm1	spelling	vp1	pattern	np1	pattern	pr1	reference
fm2	word building	vp2	set phrase	np2	set phrase	pr2	anticipatory *it*
fm3	capitalization	vp3	participles	np3	agreement	pr3	agreement
		vp4	infinite/gerund	np4	case	pr4	case
		vp5	mood	np5	countability	pr5	wh-
		vp6	modal/auxiliary	np6	number	pr6	indefinite
		vp7	voice	np7	quantifiers		
Adjective (aj)		**Adverb (ad)**		**Preposition (pp)**		**Conjunction (cj)**	
aj1	pattern	ad1	order	pp1	pattern	cj1	wrong use of cj.
aj2	set phrase	ad2	modification	pp2	set phrase	cj2	set phrase
aj3	degree	ad3	degree	pp3	absence	cj3	absence
aj4	-ed/-ing confusion						
Word (wd)		**Collocation (cc)**		**Sentence (sn)**		**Tense (tn)**	
wd1	order	cc1	n./n.	sn1	run-on sn	tn1	subject/predicate agreement
wd2	part of speech	cc2	n./v.	sn2	sn frag.	tn2	wrong tn choice
wd3	wrong wd choice of	cc3	v./n.	sn3	dang. mdif.	tn3	tense agreement
wd4	redundancy	cc4	adj./n.	sn4	Illg. comp.	tn4	tense-related v. forms
wd5	repetition	cc5	linking v. + adj.	sn5	obj. cl.		
wd6	ambiguity	cc6	ad./adj.	sn6	subj. cl.		
				sn7	pred. cl.		
				sn8	advb. cl.		
				sn9	attr. cl.		
				sn10	apps. cl.		
Punctuation (pc)		**Article (ar)**					
pc	all types	ar1	Definite				
		ar2	Indefinite				
		ar3	Absence				
		ar4	Overuse				

图 7-12　高中英语作文中的错误标注体系

（四）语料库中的元信息标注

元信息（metadata）是有关信息的信息（data about data），又称文本标记（text markup）。元信息标注常常是为了便于研究者从庞杂的大型语料库中抽取某些类型的文本，以满足教学和研究的需要。比如，对于一个包含多种文体、多篇文章的语料库，如果我们想根据教学需要抽取其中的部分用于阅读或写作，若没有对其进行元信息标注，我们就很难将较大的语料库进行分解。语料库元信息涉及多方面的文本属性，这些信息分为四大类型，即编辑元信息（editorial metadata）、分析元信息（analytic metadata）、描述元信息（descriptive metadata）和管理元信息（administrative metadata）。编辑元信息主要说明所收文本与来源之间的关系，比如是否经过删节和修改等；分析元信息包括文本的内部结构（如段落、分节、话轮等）和一些必要的字体标识（如粗体、斜体等）；描述元信息主要包括文本产生的社会环境属性，如文本的来源、文本面向的听众或读者、互动形式（如对话或演讲等）、产出者性别等，这些属性对语言研究十分重要，大部分属性都是语言研究中的社会语言学变量；管理元信息包括版权信息、版本信息等。

以SET-RJB、SET-BSD、SET-WYB语料库为例，该语料库的元信息[RJBB2U2T1][III-3] [A] [R=92.3]（见图 7-13）释义如下：

RJB代表人教版；B2 代表Book 2；U2 代表Unit 2；T1 代表Text 1，意为文中的第一个语篇。III-3 代表第三大主题中的第三个主题群。A代表议论文。R=92.3 代表语篇难度为 92.3。

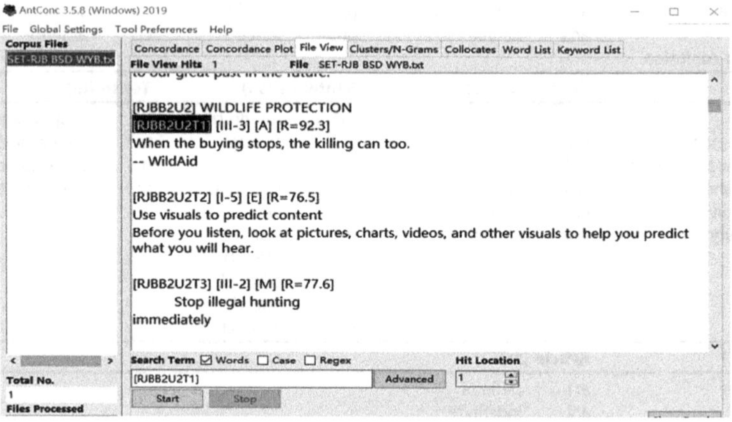

图 7-13 高中英语教材语料库中的标注

三、理论依据

（一）教学中建立小型语料库的目的

从上面的例子中可以看到，如今的语料库在规模、多样性和可用性方面发展迅速，在教学中建立小型英语语料库也非常有意义。在教学中建立小型语料库可能有如下目的：

（1）了解你目前正在教授的某一类型或领域中通常使用的语言，例如写电子邮件、讲故事、参加辩论时使用的语言；

（2）为你目前正在教授的文体或专业的教学大纲提供教学辅助信息；

（3）将其作为数据驱动学习（data-driven learning）的直接材料来源；

（4）为学生提供可以自主使用的、在主题和难度等方面适当的资源；

（5）帮助分析学习者的语言；

（6）进行研究。

（二）建立语料库的原则

语料库是指在自然交际环境中产生的、口语或书面的、机器可读的文本的集合体，收集文本的目的是：代表特定语言变体、语域或文体等方面，这些方面要具有平衡性；进行语言学分析。这个定义揭示了建立语料库的以下原则：

（1）真实的语言数据；

（2）电子/机器可读形式；

（3）语言的代表性和平衡性。

真实性是指语料库的自然性。然而，在编写教材时，需要对语言材料进行改写，使其适应第二语言学习者。虽然这些语料看起来可能不那么自然，但是语料库数据本身是具有真实性的，因为它确实来自教科书。语料库应该是机器可读的，这里的机器指的是AntConc和WordSmith等软件。Brown语料库的文本类型体现了代表性和平衡性（见表7-2），包括15个语料库细类和500个代表真实材料的文本。样本的采集可以采用简单随机抽样、分层抽样和系统抽样等方法。

表7-2 Brown语料库的文本类型

文本类型	类别	细类编号	内容	文本数量
Informative prose (374)	Press (88)	A	Reportage	44
		B	Editorial	27
		C	Reviews	17
	General prose (206)	D	Religion	17
		E	Skill and hobbies	36
		F	Popular lore	48
		G	Belles-lettres, biographies	75
		H	Miscellaneous	30
	Learned (80)	J	Science	80
Imaginative prose (126)	Fiction (126)	K	Fiction: General	29
		L	Fiction: Mystery	24
		M	Fiction: Science	6
		N	Fiction: Adventure	29
		P	Fiction: Romance	29
		R	Humour	9
Total				500

语料库中的单词数量多少主要取决于研究目的。100万个单词对于语法研究来说已经足够了，但对于词典编纂来说可能还不够，因为很多单词可能只出现一次。然而，如果样本足够有代表性，1000个单词可能也足够了。

四、优质课例示范和理论分析

（一）课例示范

辅助读后续写教学的小型记叙文语料库建库课例

主讲教师：杭州师范大学附属中学　苏般旦　杭州学军中学　应机巧

高考读后续写题型要求学生阅读一篇约350词的文章，根据该材料内容和所给段落开头语，续写150词左右的两个段落的记叙文。该题型是一种将阅读和写作紧密结合的考查形式，文本体裁一般是具有文学性的故事类记叙文。教材中纯粹的故事类记叙文并不是很多，因此教师有必要将原汁原味的记叙文引入课堂，扩大学生相应水平的文学类文本阅读量，从而增强学生对记叙文体裁语言风格和结构的整体意识，最大程度上做到续写内容与原文的协同。本课例通过尝试建立高中英语小型记叙文语料库来辅助读后续写教学。

建库采用了以下步骤：（1）语料的设计与筛选；（2）语料的整理；（3）标注体系的建构；（4）语料标注；（5）词性赋码。

在语料筛选方面，主要有以下几个标准：（1）语篇的统一性。为了便于开展教学活动，语篇的长度不宜过长，本研究将语篇长度控制在500—1000字。关于语篇的难度，弗莱士易读度60—70属于“普通”难度，70—80为“稍微容易”难度，80—90则是“容易”难度，语料库里的语篇都按照弗莱士易读度排序，教师可以根据所教学生的水平选择相应难度的篇章进行教学。（2）语篇的典型性。所选语篇需要包括Labov（1972）所提出的叙事分析模式的六个部分：点题（abstract）、定位（orientation）、进展（complicated action）、评议（evaluation）、结果或结局（result or resolution）、回应（coda）。（3）语篇的代表性。本课例共收集了12篇记叙文，选材包含了浙江省高考英语读后续写的原文、各类教材以及权威英语刊物内的英语原文。

筛选好语料后，教师将其保存为Word格式文档，对该文档进行人工校对，确保其不存在单词错拼、乱码等明显问题，无误后再将其保存为txt格式文档。由于该文档是纯英语文本，所以使用ANSI编码保存文本。保存好后需要将保存的语料进行文本整理。本课例选取一款名叫“文本整理器”的免费软件，对12篇记叙文一一进行文本清理工作，清理完成后，再次进行人工校对，确认无误后，将语料按照篇名统一命名并保存。

文本清理好后，教师需要进行文本标注的工作，标注前需要根据研究目的构建标注体系。经过团队的反复考量与讨论，教师根据Labov（1927）的叙事理论和Langan

（2011）曾提到的记叙文所必备的要素，并结合标注的实际可操作性，以及最终呈现的简洁性与可读性，最终确定了如下的标注体系方案，详见表1。

表1 记叙文语篇标注体系

<table>
<tr><th>一类</th><th>二类</th><th>三类</th><th>四类</th><th>五类</th></tr>
<tr><td>记叙文要素</td><td>过渡（TRS）</td><td>各类描写</td><td>修辞手法（FOS）</td><td>多样句式（PTN）</td></tr>
<tr><td>点题（ABS）</td><td rowspan="7">时间或空间过渡信号、逻辑信号、过渡句等</td><td>具体动作描写（SAC）</td><td rowspan="7">比喻、拟人、反复、排比、反问等</td><td rowspan="7">倒装、-ing或-ed形式做状语、独立主格结构、虚拟语气、强调句等</td></tr>
<tr><td>人物（CHR）</td><td rowspan="2">心理情感活动描写（PSY）</td></tr>
<tr><td>时间（TIM）</td></tr>
<tr><td>地点（PLC）</td><td rowspan="2">人物性格特征描写（PRS）</td></tr>
<tr><td>评议（EVL）</td></tr>
<tr><td>结局（RES）</td><td>环境描写（SES）</td></tr>
<tr><td>回应（COD）</td><td>外貌描写（APR）</td></tr>
</table>

（二）理论分析

本课例展示了记叙文语料库的建立。与本单元开头的课例不同，教师在本课例中对语料进行了标注和加工，这样，语料就能更好地为教学服务。

值得注意的是，标注体系的建立需要教师了解记叙文的体裁特征和写作理论。例如，记叙文的构成、文体特征、时态要求、语言特征、修辞特征等。标注时，教师要分工合作，不断打磨，才能建好语料库。语料库在建好后可以多次使用，在使用中还可以进一步加工。

另外，需要指出的是，随着语料库技术的发展和教师水平的提升，该小型语料库还可以在技术方面进一步优化。例如，可以使用AntFileConverter对语料进行清理，这样能使建库过程更加省时省力；还可以请教语料库技术人员，使赋码进一步优化，使语料库更符合国际标准。

五、能力拓展训练

（一）建立小型中级英语教材议论文语料库

教师发现学生对议论文文体存在误解，他们经常站在两方的立场来发表议论，例如，在谈论到要不要城镇化时，学生并不站在反对或赞成的立场，而是两方面都赞成。例如，他们习惯用on the one hand、on the other hand或者every coin has two sides这样的过渡短语或过渡句来表明观点。教师想收集各类教材中的议论文来研究英美国家议论文的文章结构，然后以此辅助议论文教学。

第一步：收集材料。首先，教师要确定大致篇数，例如，共收集20篇，国内10篇，国外10篇。然后，通过网络寻找各类数字化教材，如PDF版或网页在线版，或通过旧书网搜索并购买各类英语教材。

第二步：确定和清理材料。通过阅读目录，定位教材中的议论文，利用扫描或复制等手段将各类文档都转化成Word文档，审阅并更正文本中的各类错误，解决复制过程中产生的问题。人工清理后，使用AntFileConverter等软件辅助清理。

第三步：建立语料库。根据议论文文体的特征，标注议论文的相应部分。

（二）用TreeTagger标注词性

下面的短文来自《义务教育教科书　英语　八年级　上册》第三单元Section B，请先手工标注词性，再用TreeTagger标注，之后通过对比确定手工标注的准确性

It's not necessary to be the same. My best friend Larry is quite different from me. He is taller and more outgoing than me. We both like sports, but he plays tennis better, so he always wins. However, Larry often helps to bring out the best in me. So I'm getting better at tennis. Larry is much less hard-working, though. I always get better grades than he does, so maybe I should help him more.

六、研究能力培养

（一）学生对自建语料库作用的评价

阅读下面的摘要，注意画线部分。

"Proper vocabulary and juicy collocations": EAP students evaluate do-it-yourself corpus-building

Maggie Charles

This paper reports on the feasibility and value of an approach to teaching EAP writing in which students construct and examine their own individual, discipline-specific corpora. The approach was trialed in multidisciplinary classes of advanced-level students (mostly graduates). The course consisted of six weekly 2-h sessions. Data were collected from initial and final questionnaires, which provided background information and asked students to evaluate the corpus work. Data from 50 participants are presented and show generally positive results. Over 90% of students found it easy to build their own corpora and most succeeded in constructing a corpus of 10–15 research articles. Most students were enthusiastic about working with their own corpora: about 90% agreed that their corpus helped them improve their writing and intended to use it in the future. This suggests that even corpora of this size and type can provide a useful resource for writing discipline-specific texts. The paper discusses the data on participants' attitudes and experiences and considers the issues and problems that arise in connection with do-it-yourself corpus-building. It argues that this approach need not be restricted to small groups of well-resourced students, but can be implemented in mainstream EAP classes.

Charles, M. "Proper vocabulary and juicy collocations": EAP students evaluate do-it-yourself corpus-building. *English for Specific Purposes*, 2012, 31: 93-102.

◎思考:

(1) Discuss with your partner and think of a situation where you can use individual, discipline-specific corpora.

(2) How do the students in this study construct their own corpus?

(3) How do the students in this study use the corpus in this study?

（二）自建语料库对学习者的影响

阅读下面的摘要，注意画线部分。

Learner construction of corpora for general English in Taiwan

Simon Smith

This exploratory study describes a framework for data-driven learning (DDL), in General (non-major) English university classes, in which learners construct linguistic corpora instead of merely consulting them. Prior related work has addressed the needs of language specialists, in particular trainee translators who are learning how to compile glossaries, rather than non-major students of English. It is argued in this article that the process of creating a corpus inculcates a sense of ownership in the learner and therefore has a motivational impetus. This is especially true, it is claimed here, when the topic of the corpus is of personal interest to the learner, or coincides with their major field of study. Learners may pursue language study for only a short period of their university career, but once the corpus is constructed, some students may be sufficiently motivated to consult it and add to it when needed. Moreover, the process of compiling the corpus may lead to the acquisition of not only language but also useful transferable skills, including information technology and problem-solving competencies. This study presents some of the motivational issues surrounding DDL in Asia and suggests corpus construction as a solution. Previous research on corpus construction by learners is reviewed. In the experiment which forms the core of this study, 90 freshmen compiled and analyzed corpora as part of a General English course in Taiwan. Of these, 19 students completed final projects based on corpora they had compiled. Their findings—and reactions to the use of corpora compilation as a language learning tool—are reported in a qualitative data analysis.

Smith, S. Learner construction of corpora for general English in Taiwan. *Computer Assisted Language Learning*, 2011, 24(4): 291-316.

◎思考:

(1) Discuss with your partner and think of the advantages of corpus constructed by learners themselves.

(2) How do the students in this study construct their own corpus?

(3) How is the qualitative data analyzed?

参考文献

梁茂成，李文中，许家金 . 语料库应用教程 . 北京：外语教学与研究出版社，2010.

Labov, W. *Language in the Inner City: Studies in the Black English Vernacular*. Philadelphia: University of Pennsylvania Press, 1972.

Langan, J. *College Writing Skills with Readings*. 9th ed. Beijing: Foreign Language Teaching and Research Press, 2014.

Maggie, C. "Proper vocabulary and juicy collocations": EAP students evaluate do-it-yourself corpus-building. *English for Specific Purposes*, 2012, 31(2): 93-102.

Pan, M. & Qian, D. Embedding corpora into the content validation of the grammar test of the National Matriculation English Test (NMET) in China. *Language Assessment*

Quarterly, 2017, 14(2): 120-139.

Simon, S. Learner construction of corpora for general English in Taiwan. *Computer Assisted Language Learning,* 2011, 24(4): 291-316.

附录 TreeTagger 赋码集

缩写	全称
CC	Coordinating conjunction
CD	Cardinal number
DT	Article and eterminer
EX	Existential there
FW	Foreign word
IN	Preposition or subordinating conjunction
JJ	Adjective
JJR	Comparative adjective
JJS	Superlative adjective
LS	List item marker
MD	Modal verb
NN	Common noun, singular or mass
NNS	Common noun, plural
NP	Proper noun, singular
NPS	Proper noun, plural
PDT	Predeterminer
POS	Possessive ending
PP	Personal pronoun
PP$	Possessive pronoun
RB	Adverb
RBR	Comparative adverb
RBS	Sup erlative adverb
RP	Particle
SYM	Symbol
TO	To
UH	Exclamation or interjection
VB	BE verb, base form (be)

续表

缩写	全称
VBD	Past tense verb of BE (was, were)
VBG	Gerund or present participle of BE verb (being)
VBN	Past participle of BE verb (been)
VBP	Present tense (other than 3rd person singular) of BE verb (am, are)
VBZ	Present tense (3rd person singular) of BE verb (is)
VD	DO verb, base form (do)
VDD	Past tense verb of DO (did)
VDG	Gerund or present participle of DO verb (doing)
VDN	Past participle of DO verb (done)
VDP	Present tense (other than 3rd person singular) of DO verb (do)
VDZ	Present tense (3rd person singular) of DO verb (does)
VH	HAVE verb, base form (have)
VHD	Past tense verb of HAVE (had)
VHG	Gerund or present participle of HAVE verb (having)
VHN	Past participle of HAVE verb (had)
VHP	Present tense (other than 3rd person singular) of HAVE verb (have)
VHZ	Present tense (3rd person singular) of HAVE verb (has)
VV	Lexical verb, base form (e.g. live)
VVD	Past tense verb of lexical verb (e.g. lived)
VVG	Gerund or present participle of lexical verb (e.g. living)
VVN	Past participle of lexical verb (e.g. lived)
VVP	Present tense (other than 3rd person singular) of lexical verb (e.g. live)
VVZ	Present tense (3rd person singular) of lexical verb (e.g. lives)
WDT	Wh-determiner
WP	Wh-pronoun
WP$	Possessive wh-pronoun
WRB	Wh-adverb

第八单元

语料库与课堂教学的结合

一、问题导入

语料库以何种方式进入课堂？这是教师在语料库教学过程中不可避免的问题。这涉及两个问题：一是理论问题。语料以何种方式呈现可以让语言学习的效率最大化？语料库素材是通过网络直接在教室的屏幕上呈现，还是印刷出来？二是实践问题。要选择什么样的语料库来挑选语料，是一般语料库、学习者语料库，还是专门语料库？语料库中的语料要经过何种加工才能进入课堂，是直接复制粘贴，还是根据教学目标来精挑细选？

以词汇provide的学习为例，教师在COCA中点击Word，然后键入provide（见图 8-1），可以搜索出大量的关于该单词的信息，其中部分索引行见图 8-2。通过观察可以发现如下问题：（1）学生不了解某些例句的背景信息，例如图 8-2 第 1 行的hearings（听证会）、倒数第 2 行的chips（芯片）和net margins（净利润），这些词出现的语境可能都是学生不了解的；（2）生词多，出现了immense（巨大的）、incentives（激励）等超出课标词汇范围的词；（3）例句重复，如在图 8-2 的中下方连续两次出现provide me with结构。

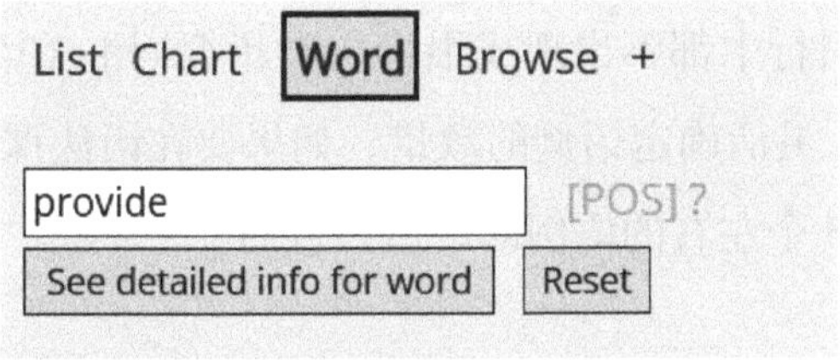

图 8-1　provide 的搜索设置

he said in daily commentary . # Powell is scheduled to	provide	his annual midyear update to lawmakers in a pair of hearings on
permits to shoot the movie in August 2011 , and Nakoula	provided	his home as a set and paid the actors , according to
. Instead , former President Jimmy Carter praised him for	providing	humanitarian aid to African nations . JIMMY-CARTER , -Form#
they defined the six principles of sticky ideas . This book	provides	immense value that can be translated to content marketing ,
. I made my own pinholes using the brass shim stock	provided	in the camera kit , an enlarger , a very fine beading
untary cleanup and redevelopment of brownfield sites by	providing	incentives to current owners and prospective buyers . VAP is an
getting help from the local population in Iraq , which is	providing	information about possible POW sightings now that the Saddam
violates the U.S. Constitution by requiring employers to	provide	insurance plans that include coverage for contraception ,
arch was done in Egypt and Lebanon , two countries that	provide	interesting contrasts . This was supplemented by a variety of
inches ? # It literally took three decades for Android to	provide	leadership in screen size innovation . Apple can now make
Ford issuing new shares in order to pay off debt ,	provide	liquidity and provide shares for the employees to be awarded
abortion . When I was in my teens , Planned Parenthood	provided	me with healthcare and birth control and education . If not for
and I are meeting ? No . Are you able to	provide	me with information on CIA matters ? (sighs) I told
They 're a good source of free , natural fertilizer ,	providing	more than half the nitrogen grass needs without hindering the
collaboration with the Native American community could	provide	needed insights as well as promote mutual trust between AI/AN
the company 's revenues . In addition , the new chips	provide	net margins of 50% , vs. 45% for the company overall .
cially in hospitals and emergency rooms . Examples were	provided	of patients who are unable to See the video monitor because they

图 8-2 provide 的索引行（部分）

如果输入语言难度较大，一会妨碍学生语言结构的习得，二还可能挫伤学生的学习积极性。学生在学习词汇和语法结构时，需要理解输入的内容，并在理解过程中或在理解之后，注意到输入语的语言结构。另外，重复例句过多会浪费学生的时间。

二、解决方案

本部分包括创建微本（mini-file）和利用微本设计练习题两个部分。建立微本是解决上述问题的方法之一。微本的基本思路是，教师在课前做好准备，在语料库中搜索目标语言点，包括词汇和语法结构，对索引行中词汇的难度、索引行的语境、索引行的长短、索引行的完整性、索引行的数量等进行有效控制，并将经过筛选甚至经过局部加工和编辑的索引行保存为小型文本，文本中只包含 30 例左右的索引行，除特殊需要外，每一个索引行中都不出现或很少出现超纲词汇（梁茂成，2016）。教师可以根据课堂教学需要，灵活确定语例的数量，如果要在语法课或词汇课的呈现阶段提升学生的语言意识，15 个左右的语例即可达到目的。

（一）创建微本

以 provide 为例，在 SET 语料库①中对其进行检索，共有 71 个语例，而一个屏幕最多显示 25 个语例，通常一个屏幕的信息量比较有利于学生观察和归纳。获得 25 个

① 本单元所使用的 SET 多版本新教材高中英语教材语篇语料库由陈运良老师联合广州、北京、成都、西安、杭州五地教师团队编制。

语例的方法有以下几种。

方法一：按库中先后顺序截取

最快捷的方法就是按库中先后顺序截取。首先清空KWIC Sort的所有选项，即不勾选任何筛选条件（见图8-3方框部分），然后点击Start，所得检索结果按检索词在SET中的先后顺序排列，再点击检索界面右下角的Clone Results，最后点击窗口最大化即可获得全屏幕共25个语例（见图8-4）。这一方法的不足之处在于无法覆盖检索词在库中其他部分的语例。

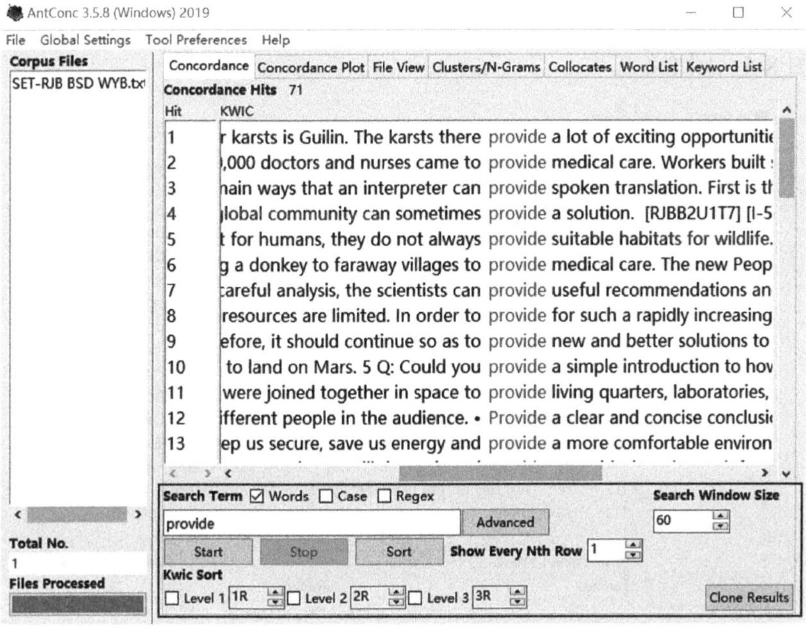

图 8-3　方法一设置

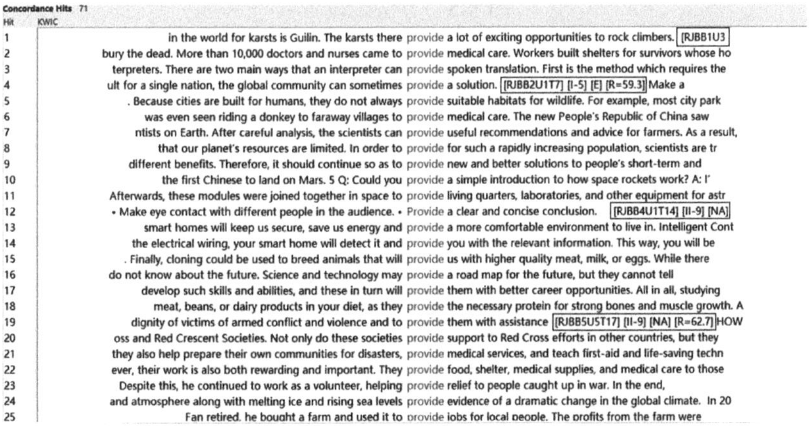

Concordance Hits 71

Hit	KWIC		
1	in the world for karsts is Guilin. The karsts there	provide	a lot of exciting opportunities to rock climbers. [RJBB1U3
2	bury the dead. More than 10,000 doctors and nurses came to	provide	medical care. Workers built shelters for survivors whose ho
3	terpreters. There are two main ways that an interpreter can	provide	spoken translation. First is the method which requires the
4	ult for a single nation, the global community can sometimes	provide	a solution. [RJBB2U1T7] [I-5] [E] [R=59.3] Make a
5	. Because cities are built for humans, they do not always	provide	suitable habitats for wildlife. For example, most city park
6	was even seen riding a donkey to faraway villages to	provide	medical care. The new People's Republic of China saw
7	ntists on Earth. After careful analysis, the scientists can	provide	useful recommendations and advice for farmers. As a result,
8	that our planet's resources are limited. In order to	provide	for such a rapidly increasing population, scientists are tr
9	different benefits. Therefore, it should continue so as to	provide	new and better solutions to people's short-term and
10	the first Chinese to land on Mars. 5 Q: Could you	provide	a simple introduction to how space rockets work? A: I'
11	Afterwards, these modules were joined together in space to	provide	living quarters, laboratories, and other equipment for astr
12	• Make eye contact with different people in the audience. •	Provide	a clear and concise conclusion. [RJBB4U1T14] [II-9] [NA]
13	smart homes will keep us secure, save us energy and	provide	a more comfortable environment to live in. Intelligent Cont
14	the electrical wiring, your smart home will detect it and	provide	you with the relevant information. This way, you will be
15	. Finally, cloning could be used to breed animals that will	provide	us with higher quality meat, milk, or eggs. While there
16	do not know about the future. Science and technology may	provide	a road map for the future, but they cannot tell
17	develop such skills and abilities, and these in turn will	provide	them with better career opportunities. All in all, studying
18	meat, beans, or dairy products in your diet, as they	provide	the necessary protein for strong bones and muscle growth. A
19	dignity of victims of armed conflict and violence and to	provide	them with assistance [RJBB5U5T17] [II-9] [NA] [R=62.7] HOW
20	oss and Red Crescent Societies. Not only do these societies	provide	support to Red Cross efforts in other countries, but they
21	they also help prepare their own communities for disasters,	provide	medical services, and teach first-aid and life-saving techn
22	ever, their work is also both rewarding and important. They	provide	food, shelter, medical supplies, and medical care to those
23	Despite this, he continued to work as a volunteer, helping	provide	relief to people caught up in war. In the end,
24	and atmosphere along with melting ice and rising sea levels	provide	evidence of a dramatic change in the global climate. In 20
25	Fan retired, he bought a farm and used it to	provide	jobs for local people. The profits from the farm were

图 8-4　provide 按库中先后次序前 25 例

方法二：按检索结果数量等距抽取

对检索结果进行等距抽取可弥补方法一的不足，同时也方便快捷。首先，在KWIC Sort中勾选右边第一个词，此时该词凸显为红色，且所有语例按该词的首字母顺序排列。在KWIC Sort中可以选择凸显检索词左边或右边第N个词，进行选择时主要考虑检索词的用法特点。例词provide的用法重点在宾语部分，因此选择凸显右边第一个词。然后，在Show Every Nth Row处选择或输入3，即检索结果每隔3行呈现1个语例，检索结果数量缩减为24例。具体隔几行根据检索结果的总数稍加计算即可。最后点击检索界面右下角的Clone Results及窗口最大化即可获得全屏幕共24个语例（见图8-5、图8-6）。

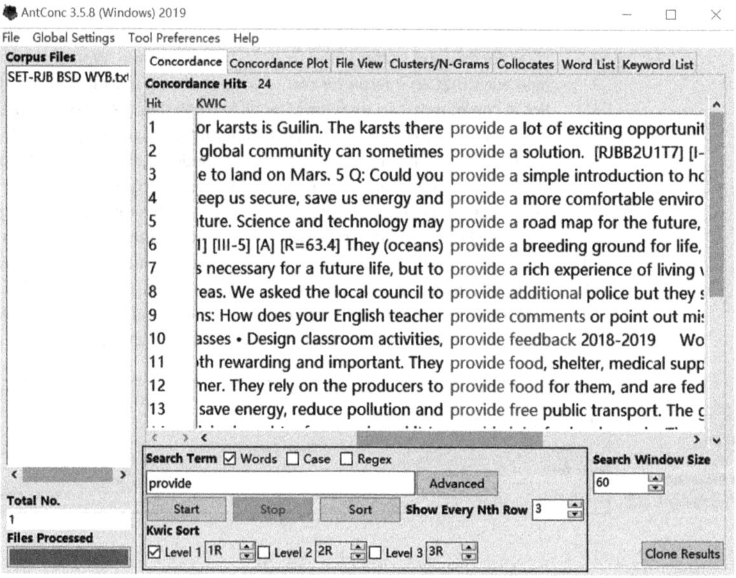

图8-5 方法二设置

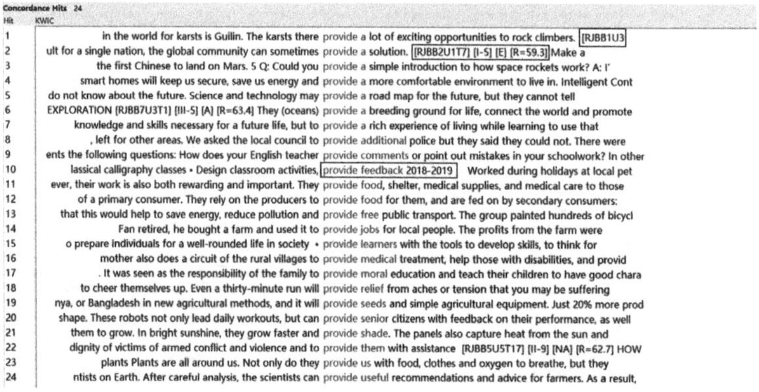

Concordance Hits 24

Hit	KWIC	
1	in the world for karsts is Guilin. The karsts there	provide a lot of exciting opportunities to rock climbers. [RJBB1U3
2	ult for a single nation, the global community can sometimes	provide a solution. [RJBB2U1T7] [I-5] [E] [R=59.3] Make a
3	the first Chinese to land on Mars. 5 Q: Could you	provide a simple introduction to how space rockets work? A: I'
4	smart homes will keep us secure, save us energy and	provide a more comfortable environment to live in. Intelligent Cont
5	do not know about the future. Science and technology may	provide a road map for the future, but they cannot tell
6	EXPLORATION [RJBB7U3T1] [III-5] [A] [R=63.4] They (oceans)	provide a breeding ground for life, connect the world and promote
7	knowledge and skills necessary for a future life, but to	provide a rich experience of living while learning to use that
8	, left for other areas. We asked the local council to	provide additional police but they said they could not. There were
9	ents the following questions: How does your English teacher	provide comments or point out mistakes in your schoolwork? In other
10	lassical calligraphy classes • Design classroom activities,	provide feedback 2018-2019 Worked during holidays at local pet
11	ever, their work is also both rewarding and important. They	provide food, shelter, medical supplies, and medical care to those
12	of a primary consumer. They rely on the producers to	provide food for them, and are fed on by secondary consumers:
13	that this would help to save energy, reduce pollution and	provide free public transport. The group painted hundreds of bicycl
14	Fan retired, he bought a farm and used it to	provide jobs for local people. The profits from the farm were
15	o prepare individuals for a well-rounded life in society •	provide learners with the tools to develop skills, to think for
16	mother also does a circuit of the rural villages to	provide medical treatment, help those with disabilities, and provid
17	. It was seen as the responsibility of the family to	provide moral education and teach their children to have good chara
18	to cheer themselves up. Even a thirty-minute run will	provide relief from aches or tension that you may be suffering
19	nya, or Bangladesh in new agricultural methods, and it will	provide seeds and simple agricultural equipment. Just 20% more prod
20	shape. These robots not only lead daily workouts, but can	provide senior citizens with feedback on their performance, as well
21	them to grow. In bright sunshine, they grow faster and	provide shade. The panels also capture heat from the sun and
22	dignity of victims of armed conflict and violence and to	provide them with assistance [RJBB5U5T17] [II-9] [NA] [R=62.7] HOW
23	plants Plants are all around us. Not only do they	provide us with food, clothes and oxygen to breathe, but they
24	ntists on Earth. After careful analysis, the scientists can	provide useful recommendations and advice for farmers. As a result,

图8-6 provide等距抽样24例

方法三：按教学需求精选

上述两种方法虽然方便快捷，但却不够理想，从图 8-4、图 8-6 方框处可见，两种方法获得的微本均出现了语料库自身的标记，还包含了不完整的语例（如图 8-6 语例 10），这些都是影响学生观察目标语料的干扰因素。要想根据课堂教学需求建立微本，则须对检索结果进行精选。具体步骤如下：

第一步：保存检索结果为独立文档。首先，在 AntConc 的 Search Window Size 一栏中输入或点击设置每一索引行出现的词数，词数默认值为 50。为提高每一索引行出现包含检索词 provide 的完整句子的概率，可将该值提高到 100。然后保存检索结果为独立的 provide.txt 文档，路径为 File→Save Output→命名文档（见图 8-7）。

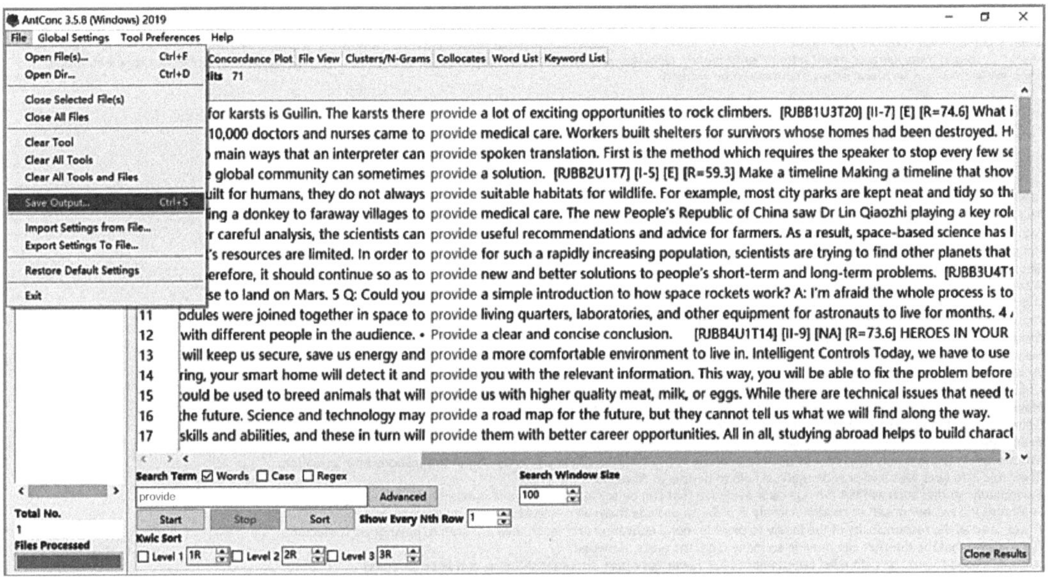

图 8-7　保存检索结果的设置

第二步：对独立文档进行编辑。编辑的目的有两个：一是将语境索引行转为包含检索词的完整语例，将索引行左右两边非完整语例信息的词、符号（包括序号）均删除，其效果可见图 8-8；二是缩减语例数量，精选语例。在此过程中教师逐一阅读语例，进一步明确 provide 在 SET 语料库中的使用范式，为课堂上学生观察分析语例的问题设置做准备。教师在精选过程中可以发现，provide 一词的主语和宾语均包含丰富信息。该词可使用双宾语，当间接宾语在前的时候有 provide sb. with sth. 这一固定搭配。充当其直接宾语的词类较多，既包含具体事物，如 environment、medical care 等，又包含抽象事物，如 opportunity、relief 等。provide 的主语可以是人，也可以是无生命的物，比如 studies、a thirty-minute run 等。图 8-8(b) 是删减后的 27 个语例。

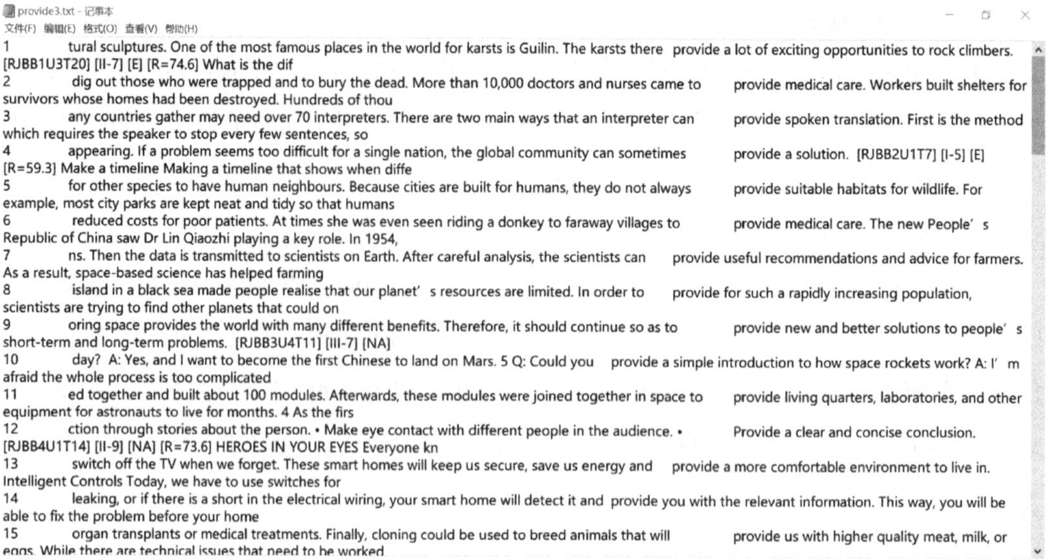

provide3.txt - 记事本

文件(F) 编辑(E) 格式(O) 查看(V) 帮助(H)

1 tural sculptures. One of the most famous places in the world for karsts is Guilin. The karsts there provide a lot of exciting opportunities to rock climbers. [RJBB1U3T20] [II-7] [E] [R=74.6] What is the dif
2 dig out those who were trapped and to bury the dead. More than 10,000 doctors and nurses came to provide medical care. Workers built shelters for survivors whose homes had been destroyed. Hundreds of thou
3 any countries gather may need over 70 interpreters. There are two main ways that an interpreter can provide spoken translation. First is the method which requires the speaker to stop every few sentences, so
4 appearing. If a problem seems too difficult for a single nation, the global community can sometimes provide a solution. [RJBB2U1T7] [I-5] [E] [R=59.3] Make a timeline Making a timeline that shows when diffe
5 for other species to have human neighbours. Because cities are built for humans, they do not always provide suitable habitats for wildlife. For example, most city parks are kept neat and tidy so that humans
6 reduced costs for poor patients. At times she was even seen riding a donkey to faraway villages to provide medical care. The new People' s Republic of China saw Dr Lin Qiaozhi playing a key role. In 1954,
7 ns. Then the data is transmitted to scientists on Earth. After careful analysis, the scientists can provide useful recommendations and advice for farmers. As a result, space-based science has helped farming
8 island in a black sea made people realise that our planet' s resources are limited. In order to provide for such a rapidly increasing population, scientists are trying to find other planets that could on
9 oring space provides the world with many different benefits. Therefore, it should continue so as to provide new and better solutions to people' s short-term and long-term problems. [RJBB3U4T11] [III-7] [NA]
10 day? A: Yes, and I want to become the first Chinese to land on Mars. 5 Q: Could you provide a simple introduction to how space rockets work? A: I' m afraid the whole process is too complicated
11 ed together and built about 100 modules. Afterwards, these modules were joined together in space to provide living quarters, laboratories, and other equipment for astronauts to live for months. 4 As the firs
12 ction through stories about the person. • Make eye contact with different people in the audience. • Provide a clear and concise conclusion. [RJBB4U1T14] [II-9] [NA] [R=73.6] HEROES IN YOUR EYES Everyone kn
13 switch off the TV when we forget. These smart homes will keep us secure, save us energy and provide a more comfortable environment to live in. Intelligent Controls Today, we have to use switches for
14 leaking, or if there is a short in the electrical wiring, your smart home will detect it and provide you with the relevant information. This way, you will be able to fix the problem before your home
15 organ transplants or medical treatments. Finally, cloning could be used to breed animals that will provide us with higher quality meat, milk, or eggs. While there are technical issues that need to be worked

(a)

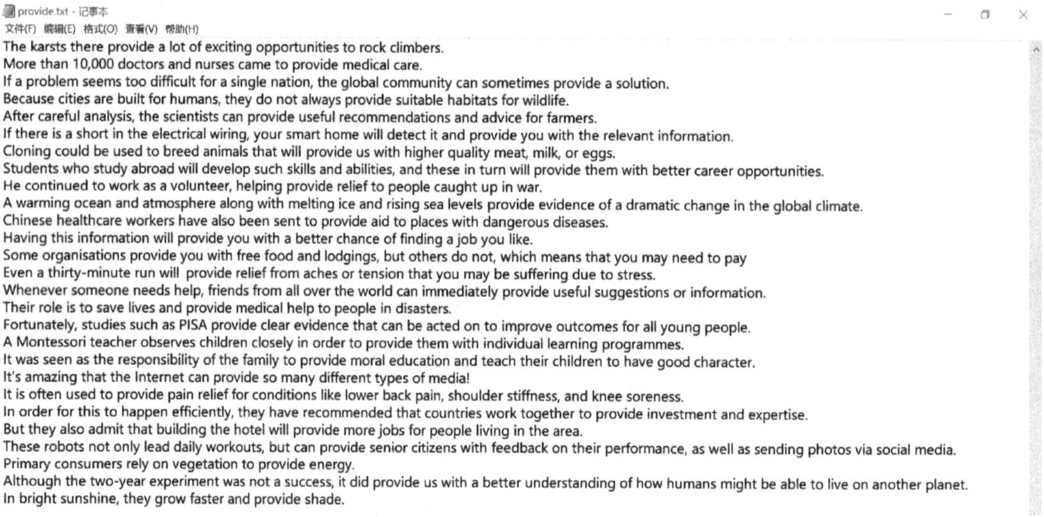

provide.txt - 记事本

文件(F) 编辑(E) 格式(O) 查看(V) 帮助(H)

The karsts there provide a lot of exciting opportunities to rock climbers.
More than 10,000 doctors and nurses came to provide medical care.
If a problem seems too difficult for a single nation, the global community can sometimes provide a solution.
Because cities are built for humans, they do not always provide suitable habitats for wildlife.
After careful analysis, the scientists can provide useful recommendations and advice for farmers.
If there is a short in the electrical wiring, your smart home will detect it and provide you with the relevant information.
Cloning could be used to breed animals that will provide us with higher quality meat, milk, or eggs.
Students who study abroad will develop such skills and abilities, and these in turn will provide them with better career opportunities.
He continued to work as a volunteer, helping provide relief to people caught up in war.
A warming ocean and atmosphere along with melting ice and rising sea levels provide evidence of a dramatic change in the global climate.
Chinese healthcare workers have also been sent to provide aid to places with dangerous diseases.
Having this information will provide you with a better chance of finding a job you like.
Some organisations provide you with free food and lodgings, but others do not, which means that you may need to pay
Even a thirty-minute run will provide relief from aches or tension that you may be suffering due to stress.
Whenever someone needs help, friends from all over the world can immediately provide useful suggestions or information.
Their role is to save lives and provide medical help to people in disasters.
Fortunately, studies such as PISA provide clear evidence that can be acted on to improve outcomes for all young people.
A Montessori teacher observes children closely in order to provide them with individual learning programmes.
It was seen as the responsibility of the family to provide moral education and teach their children to have good character.
It's amazing that the Internet can provide so many different types of media!
It is often used to provide pain relief for conditions like lower back pain, shoulder stiffness, and knee soreness.
In order for this to happen efficiently, they have recommended that countries work together to provide investment and expertise.
But they also admit that building the hotel will provide more jobs for people living in the area.
These robots not only lead daily workouts, but can provide senior citizens with feedback on their performance, as well as sending photos via social media.
Primary consumers rely on vegetation to provide energy.
Although the two-year experiment was not a success, it did provide us with a better understanding of how humans might be able to live on another planet.
In bright sunshine, they grow faster and provide shade.

(b)

图 8-8 provide.txt 编辑前后对比

精选时教师应以保留检索词的使用范式为首要目的，而不急于减少数量。数量方面，教师可在精选后再使用AntConc中的KWIC Sort删除内容重复的语例。例如，图8-9中的语例12、语例13、语例14搭配相似，而这些搭配并没有语例8、语例9中provide medical care/help这一搭配的频率高，因此可以考虑删除语例12和语例13，只保留语例14。如图8-9所示，在AntCont中长按Ctrl，点击要删除的语例12和语例13共两行，再按Delete即可。但如此操作就导致序号中断，建议先返回独立文档进行删除。

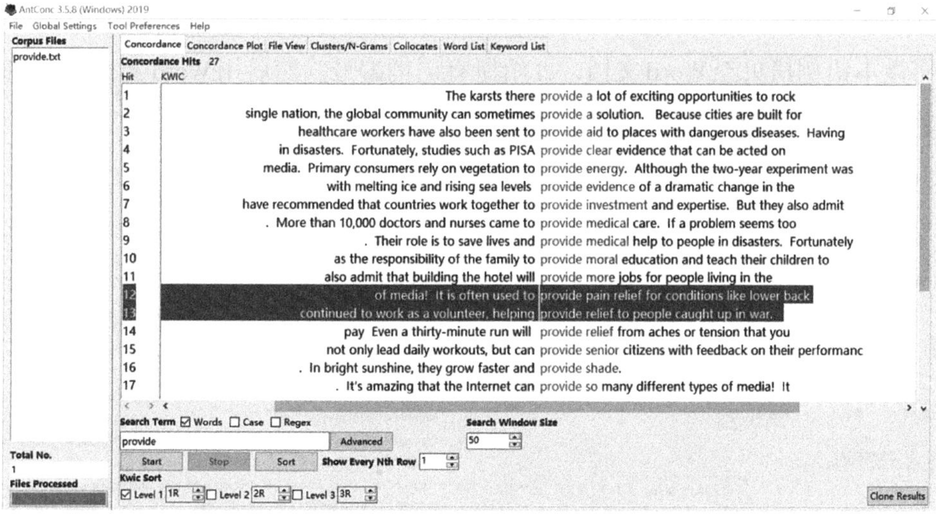

图 8-9 发现并删除重复语例

删除语例 12 和语例 13 后，得到精选的 25 个语例，见图 8-10。

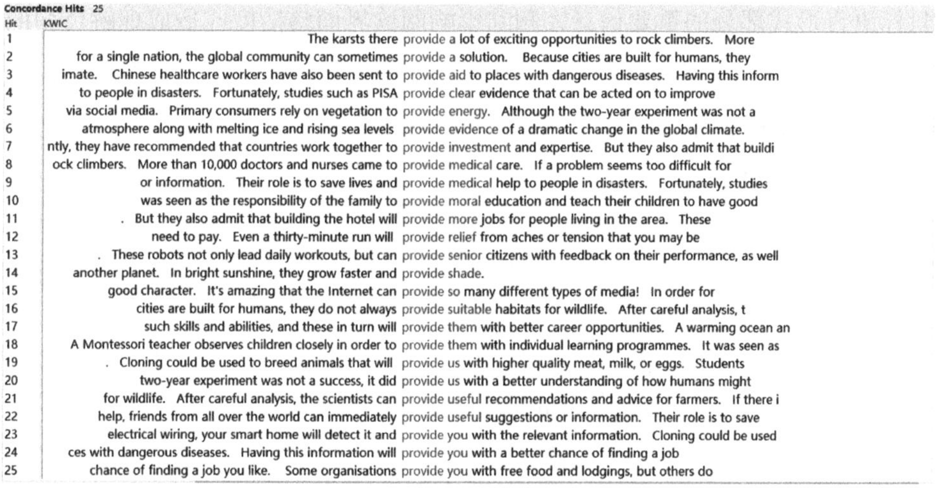
Concordance Hits 25

Hit	KWIC	
1	The karsts there	provide a lot of exciting opportunities to rock climbers. More
2	for a single nation, the global community can sometimes	provide a solution. Because cities are built for humans, they
3	imate. Chinese healthcare workers have also been sent to	provide aid to places with dangerous diseases. Having this inform
4	to people in disasters. Fortunately, studies such as PISA	provide clear evidence that can be acted on to improve
5	via social media. Primary consumers rely on vegetation to	provide energy. Although the two-year experiment was not a
6	atmosphere along with melting ice and rising sea levels	provide evidence of a dramatic change in the global climate.
7	ntly, they have recommended that countries work together to	provide investment and expertise. But they also admit that buildi
8	ock climbers. More than 10,000 doctors and nurses came to	provide medical care. If a problem seems too difficult for
9	or information. Their role is to save lives and	provide medical help to people in disasters. Fortunately, studies
10	was seen as the responsibility of the family to	provide moral education and teach their children to have good
11	. But they also admit that building the hotel will	provide more jobs for people living in the area. These
12	need to pay. Even a thirty-minute run will	provide relief from aches or tension that you may be
13	. These robots not only lead daily workouts, but can	provide senior citizens with feedback on their performance, as well
14	another planet. In bright sunshine, they grow faster and	provide shade.
15	good character. It's amazing that the Internet can	provide so many different types of media! In order for
16	cities are built for humans, they do not always	provide suitable habitats for wildlife. After careful analysis, t
17	such skills and abilities, and these in turn will	provide them with better career opportunities. A warming ocean an
18	A Montessori teacher observes children closely in order to	provide them with individual learning programmes. It was seen as
19	. Cloning could be used to breed animals that will	provide us with higher quality meat, milk, or eggs. Students
20	two-year experiment was not a success, it did	provide us with a better understanding of how humans might
21	for wildlife. After careful analysis, the scientists can	provide useful recommendations and advice for farmers. If there i
22	help, friends from all over the world can immediately	provide useful suggestions or information. Their role is to save
23	electrical wiring, your smart home will detect it and	provide you with the relevant information. Cloning could be used
24	ces with dangerous diseases. Having this information will	provide you with a better chance of finding a job
25	chance of finding a job you like. Some organisations	provide you with free food and lodgings, but others do

图 8-10 精选 provide 语例 25 例

建立 txt 微本后可将其导入 AntConc，再次检索目标语言形式即可获得该形式的语境共现行。仔细观察图 8-10 可以发现一个问题，即这些语例虽然内容简洁，结构完备，难度适中，但共现行呈现的并非为单句，下一个语例的部分词语也出现在了共现行中，且有的语例缺少必要的成分。这是因为图 8-10 呈现的是语料库特有的阅读界面，以目标词对齐排列，凸显了目标词和关键信息。这样的阅读界面促使学生上下左右有选择地读，更有利于培养学生理解和归纳信息的能力。为了让微本在 AntConc 检索后呈现的语境共现行依然为一行一个完整语例，须对微本进行转化。下面我们讲讲如何处理这一问题。

将微本语例拷贝至Word文档，并给所有语例编号。然后用Word文档中的替换功能，将文本中的换行符“^p”替换为空行符“^p^p”。在英文输入法下按“Shift + 6 + p”即可输入“^p”。设置见图8-11左侧，结果见右侧。

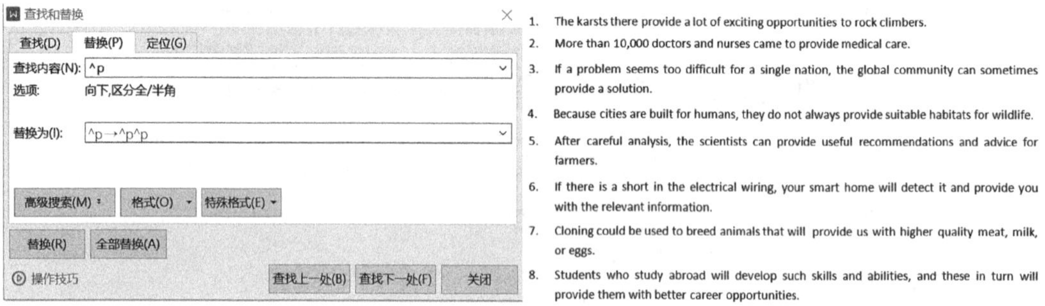

图8-11　将微本转化为Word并加编号与空行

阅读所有语境共现行，对于比较长的语例可适当缩短，对于比较复杂的语例可仅保留目标语言形式部分的重要信息，删除影响阅读界面整洁度或造成理解负担的修饰成分（可对比图8-10和图8-12）。完成修改后拷贝所有语例至provide新.txt并保存。在AntConc中检索provide新.txt，将Search Window Size增加至200，以确保完整显示每个语例（见图8-13）。

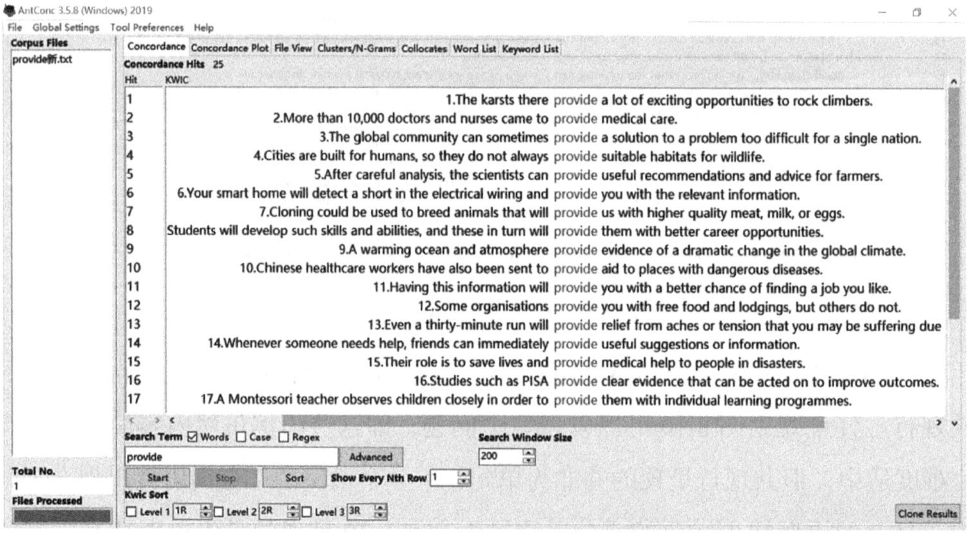

图8-12　检索provide新.txt的设置

图8-13显示，经过转化与修改，语料库检索界面干净整洁，重点突出，目标词在中间，且一条语境共现行为一个完整的语例，直接截屏嵌入PPT或者Word文档即

可成为帮助学生进行观察、分析和归纳的学习素材。

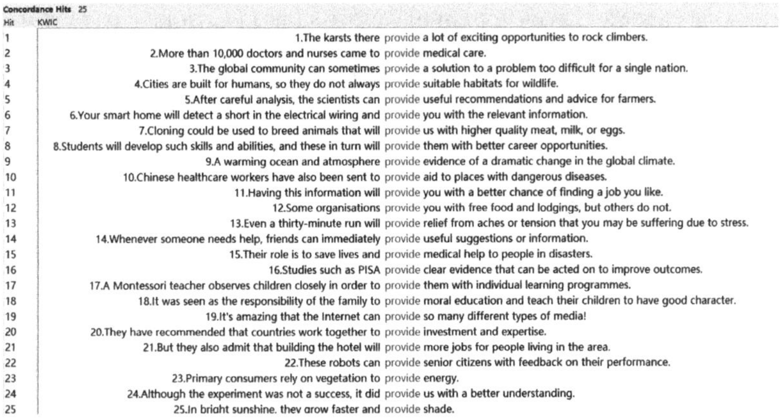

图 8-13　provide 25 个语例完整显示

在 AntConc 中还可以修改显示颜色、字体和字号（见图 8-14）。修改颜色的路径为 Global Settings→Colors→Highlight color→Edit。修改字体、字号的路径是 Global Settings→Fonts→Results Font，在这里还可以选择加粗、斜体或下画线。默认字号为 12 磅，一个满屏可以呈现 25 个语例。

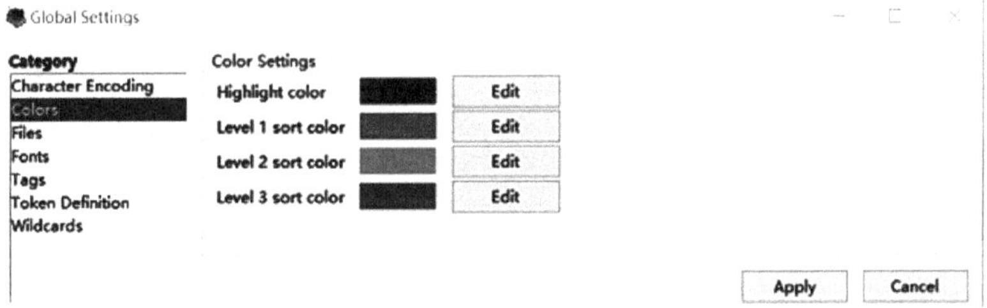

(a)

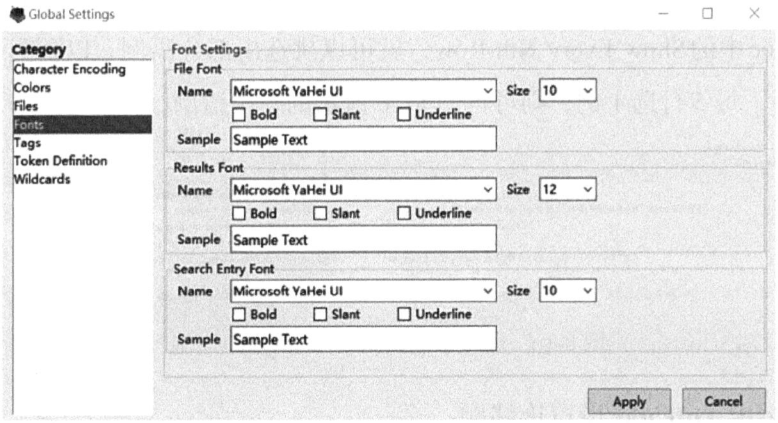

(b)

图 8-14　显示颜色、字体和字号的修改路径

（二）利用微本设计练习题

语料库进入课堂教学，教师不仅可以向学生呈现目标语料，引导学生观察其使用特点及规律，还可以设计语言练习，预测或检验学生的学习效果。这类练习有填空题、连线题、完成句子题和辨析选择题等。

（1）运用AntConc设置填空题

利用AntConc中的隐藏检索词功能可轻松变语例为填空题，继续以provide一词为例说明具体操作步骤。

首先运用AntConc检索目标词provide，然后在Tool Preferences中点击Concodance，在其菜单中勾选Hide search term in KWIC display，点击Apply（见图8-15）。

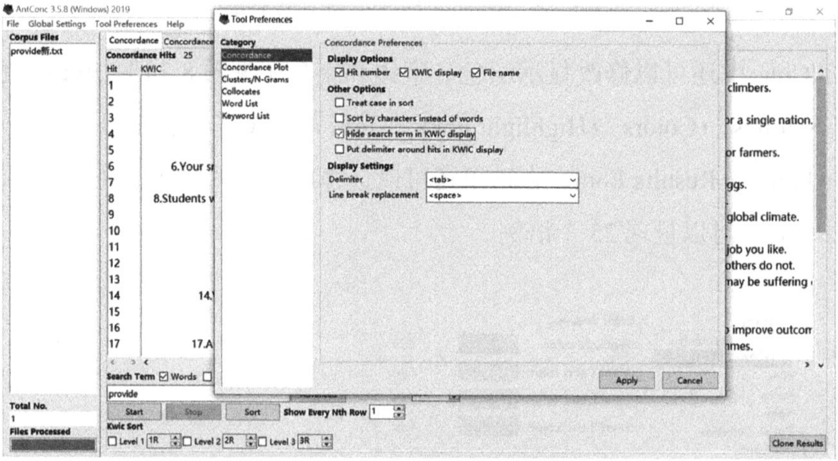

图 8-15　隐藏检索词路径

返回检索界面后再次点击Start，所有语例中的provide一词就都被星号代替，再设置AntConc中的Show Every Nth Row，就可以挑选出部分语例，以预测或检测学生的学习效果。每5行选1例，则可得图8-16所示的5个语例。

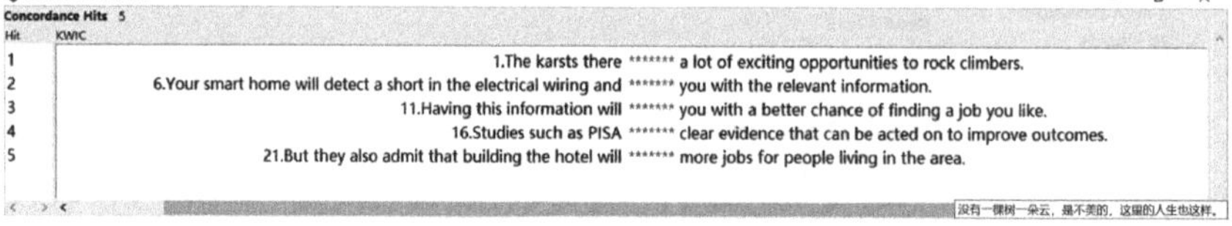

图 8-16　隐藏了provide一词的5个语例

（2）运用AntConc设置连线题

教师可以根据目标词的特点，选择目标词左边或右边的搭配词，然后请学生连线组成完整的句子。在AntConc界面中，以检索词为界分为左右两边。移动鼠标可以选择一条或多条语例的左边部分或右边部分：当光标落在左边时，按“Ctrl+A”，可以选择全部语例的左边部分；若要全部选择右边部分，将光标落在右边，重复操作即可。此时须注意一个问题，如需拷贝全部语例的任何一侧内容，简单的复制粘贴是无法实现的。虽然光标高亮的仅为一侧内容，但复制粘贴时依然会包含另一侧的内容，并分行呈现两侧内容（见图 8-17(a) 选中部分）。为避免出现该问题，建议逐条选择并复制适用课堂的语例，复制后可适当进行词语的调整，分两列粘贴在PPT中，打乱其中一列的顺序就后形成了连线题，见图 8-17(b)。

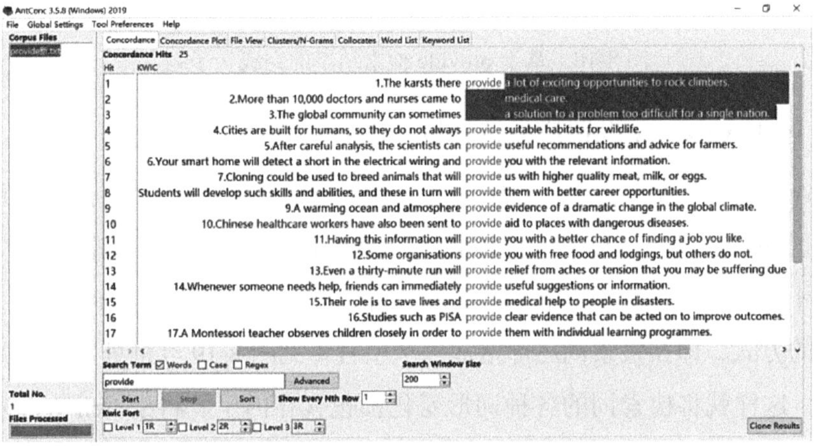

(a)

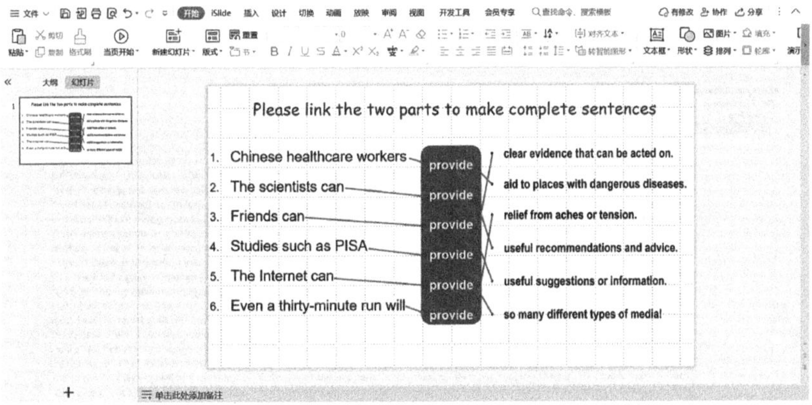

(b)

图 8-17　运用 AntConc 设置 provide 一词连线题的过程及结果

（3）运用AntConc设置完成句子题

重复上节的步骤，在PPT粘贴时改变其形式，即可得完成句子题（见图 8-18）。本题聚焦provide一词用法中的provide sb. with sth. 这一结构。

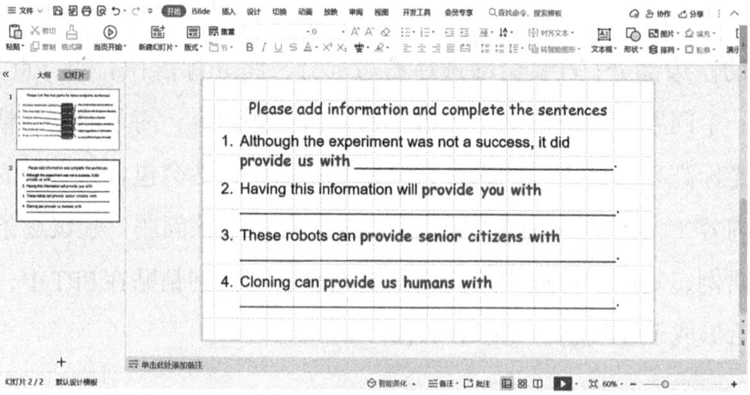

图 8-18　基于 provide 检索结果的完成句子题

（4）运用AntConc设置辨析选择题

运用AntConc设置辨析选择题比较复杂。首先，教师要明确目标词的近义词，该近义词同时也要在AntConc中进行检索。具体设置为逐个输入检索词，并用竖线隔开（Shift+|）（注意中间没有空格符）。为了涵盖所辨析的词语的所有用法，教师采用模糊检索的方式，即在检索词尾部增加一个星号（见图 8-19 红框处），该星号可代替N个字符，这样就将检索词的各种词形变化都包含在内了。将Search Window Size调高至 100，将KWIC Sort下方的Level 3 设置为 3R，使共现行按照检索词右边三个词的字母顺序排列，以便后续选取语例进入课堂。最后点击Start，就可以获得四个词在SET语料库中的所有共现行，共 273 条。

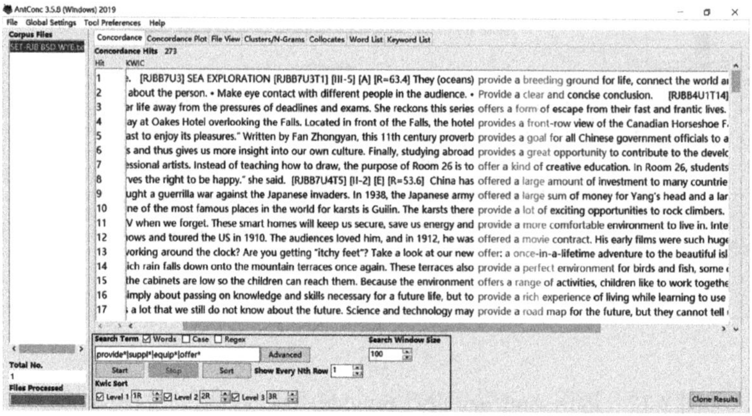

图 8-19　同时检索 provide 等四个词

快速浏览后可见，在SET语料库中，provide和offer的使用频率明显高于supply和equip；supply和 offer可用作动词和名词，supply用作名词的频率较高，offer用作动词的频率较高；equip的名词形式为equipment，出现频率高于其动词形式。了解这些特征为我们挑选语例进入课堂提供了较为全面的思路。挑选语例时，可点击共现行中的检索词进入File View界面（见图 8-20），选择该词完整语例并复制粘贴至PPT，将检索词挖空即可（见图 8-21）。

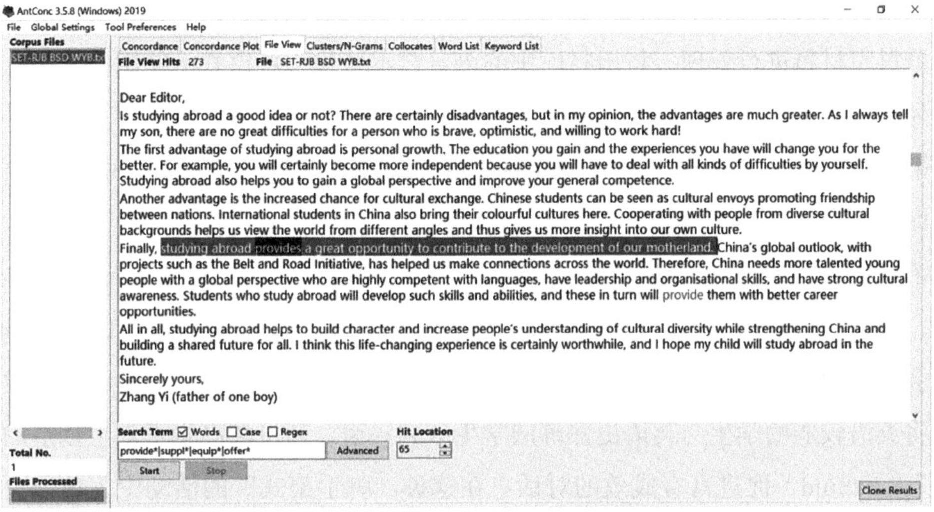

图 8-20 在 File View 界面选取完整语例

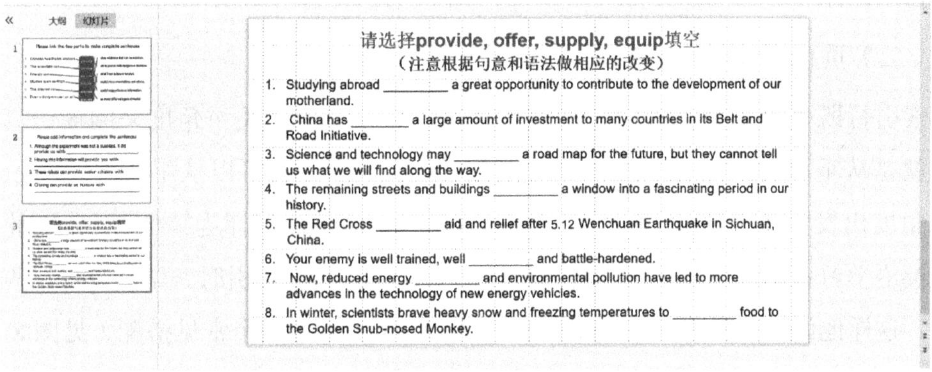

图 8-21 基于四词检索结果的辨析选择题

根据语料库检索的语例所用的词语，图 8-21 中 8 个填空的答案分别为：1. provides；2. offered；3. provide；4. offer；5. provided；6. equipped；7. supplies；8. supply。但这是不是唯一的答案呢？尤其是在第 1—5 题中，provide和offer是否可以互换呢？此时可结合更多的共现行进行观察比较，找出provide和offer的差异性。

三、理论依据

（一）教学加工

由于语料库中的语言有时在文化、难度等方面不适用于中国的课堂，因此，将语料库数据直接转化成教学材料并运用到课堂中，效果会大打折扣。教师应该以某种方式对语料库材料进行处理，将语料库中的语言样本转化为可供教学使用的例子，我们称之为教学加工。教学加工可通过以下途径来实现。

第一，教师应选择难度、典型性和情境适合我国学生的材料，以引起学生的兴趣，促进语言习得。

第二，教师应设计活动和练习，帮助学生在观察索引行时反思和巩固所学内容。例如，教师可以设计学生互动活动，这种活动借鉴了利雅·维果茨基（Lev Vygotsky）的社会文化理论，即通过合作对话和协商共同构建知识。在这些互动小组中，教师有意地将英语较弱的学生与英语更熟练的学生分到一组，通过较高水平学生创造的“脚手架”（scaffold）促进富有成效的对话。在这种“脚手架式”的活动中，英语更熟练的学生能够提供他们对语料库语例的见解和解释，从而帮助较弱的学生逐渐发展出更多的独立性。

（二）垂直阅读和水平阅读

索引行既可以垂直地阅读，即从聚合（paradigmatic）关系角度来阅读，具体来说，就是从垂直的角度看节点词及其两侧词语的规律；也可以从组合（syntagmatic）关系角度出发，水平地阅读。例如，suspect和doubt都被翻译为“怀疑”，因此很多中国英语学习者无法单从词语本身区分这两个词。在阅读索引时，学习者可以先垂直阅读，这样他们就会发现suspect that和doubt if/whether这两个常见搭配（见图 8-22）。然后学生就可以水平阅读，即阅读句子，理解这两个词语运用的语境。这样，词语之间的区别就显而易见了。例如，在语例 6 “John Snow suspected that the water pump was to blame.” 一句中，John Snow觉察出，第二个水泵是疾病传播的原因。语例 8 “I doubt whether I’m making any difference to these boys’ lives at all.” 一句表达了说话人的一种不确定感，他难以确定自己做的是否真的帮助到了这些孩子们。这样可以清楚地看出差异，即suspect后的信息在说话人看来基本上是事实，而doubt后面表达的是难以确定的信息。

1	ιow way leads on to way, I	doubted if I should ever come back. I shall be telling this with a
2	the age of about 18. It was	suspected that he had been murdered but it is now believed that he died
3	ıanent solution. You might	suspect that I don't like animals but nothing could be further from the
4	ıat particular island. Darwin	suspected that the finches had evolved from a common ancestor, which had
5	person died. John Snow	suspected that the second theory was correct but he needed evidence. So wh
6	ıater from the pump. Snow	suspected that the water pump was to blame. What is more, in another part
7	ıed there until retirement! I	suspect that they laid me off because the company was not doing that well
8	r 8 anyway. To be honest, I	doubt whether I'm making any difference to these boys' lives at all. 17 April
9	r 8 anyway. To be honest, I	doubt whether I'm making any difference to these boys' lives at all. You
10	ɛans "southern land". Cook	doubted whether such a continent actually existed. However, with the help o
11	IV: A New Hope and critics	doubted whether the film would be a success, a success certainly was. Star W

图 8-22　垂直阅读和水平阅读

教师还可以请学生进一步查阅这两个词的英语解释，以佐证上述结论。

（三）自下而上和自上而下的处理

语料库语言学技术常常因鼓励对文本进行自下而上而非自上而下的处理受到批评。自下而上的处理让我们能够对截断的索引行进行仔细的检查，而不依赖于语篇的整体性。自下而上和自上而下与上面的垂直阅读和水平阅读有相似之处，要结合起来才能发挥最大的效能。例如，在商务信函写作中，学生们不确定选择哪个形容词填入下面的句子中：

Thank you for your *kind* / *sincere* / *cordial* invitation to the alumni dinner.

在商业信函语料库中搜索这些不同的组合，可以发现以下搭配，如图 8-12 所示。

Left Context	Hit	Right Context
hoping, in fact, that you will accept our	cordial	invitation to be our guest for the length of
for the length of May we extend to you a	cordial	invitation to call in at White's and make
in at White's and make the Please accept our	cordial	invitation to visit and become acquainted with have the
acquainted with have the pleasure in extending to you our	cordial	invitation to visit our organization at a data and
and I shall be pleased to extend to you my	cordial	invitation to visit our Tokyo office at your I
our Tokyo office at your I very much appreciate your	kind	invitation to join the University Club and I know
and I know Thank you very much again for your	kind	invitation and I hope your conference will be a
be a I am therefore very happy to accept your	kind	invitation and look forward to attending a great as
great as if I shall be unable to accept your	kind	invitation this time because of a most important Thanking
of a most important Thanking you once more for your	kind	invitation to address the audience, I remain

图 8-23　cordial 和 kind 用法对比

只看cordial invitation或kind invitation本身难以解决词汇的选择问题，学生需要从语境中寻找和确定这两个词的“扩展语义单位”，自上而下地寻找线索。例如，学生看到cordial前面多是第一人称my或our，是邀请发出者说出的话；而kind前面多是your，话语是受邀请者说出的，话语功能是接受邀请或感谢邀请。

在运用自上而下和自下而上相结合的方法来进行各类文体的阅读或写作的教学前，可以先确定一个体裁的功能成分，然后根据这些成分来分析语料库中的文本。具体步骤如下：

第一步：自上而下。教师让学生参与初步基于宏观话语的任务，作为话语模式的意识提升活动。例如，在记叙文教学中，教师让学生了解记叙文的结构、修辞手段、写作目的以及各种实现方式。学生在报告环节中展示他们在小组讨论中获得的见解。

第二步：自下而上。教师让学生进行语料库检索，目的是第一步中涉及的了解记叙文结构、修辞手段等。记叙文的各个阶段中会出现一些关键词，例如，故事开始时会出现one day、once、this等，故事发展阶段会出现all of a sudden/suddenly、to make matters worse、even worse等，在故事的评价中会出现I was so embarrassed、it was so embarrassing等（Thornbury，2010）。学生可以搜索这些词语，来验证自己的猜测。

（四）基于语料库的学习和教学模式

基于语料库的学习和教学通常与归纳学习方法相关联。在归纳学习方法中，规则或模式是从多个例子中归纳出来的，而不是基于规则的演绎方法。

数据驱动学习可以包括以下四个步骤（Kennedy & Miceli, 2001）：（1）形成问题；（2）设计检索策略；（3）观察语例后选择相关语例；（4）得出结论。以上四个步骤是没有教师干预情况下发生的基于语料库的学习。在处理基于语料库的查询时，Carter和McCarthy（1995）制定了“3 Is”策略，其中并没有涉及教师干预。Flowerdew（2009）在Carter和McCarthy（1995）模型的基础上提出了“4 Is”策略，添加了教师干预作为可选的步骤：

（1）展示语例（illustration）：查看语例。

（2）互动讨论（interaction）：讨论并分享观察和见解。

（3）教师干预（intervention）：学生遇到困难时，教师提供提示，帮助学生。

（4）总结归纳（induction）：为某一特定语言特征归纳规则。

四、优质课例示范和理论分析

（一）课例示范

小型记叙文语料库辅助读后续写的教学课例

主讲教师：杭州学军中学　应机巧

本课例延续上一单元优质课例示范中的语料库建设，教师将建好的小型语料库运用到了课堂教学之中，主要展示以下两方面：（1）辅助语篇知识教学，提高学生写作语篇的逻辑性与连贯性；（2）辅助语言知识教学，提高学生写作语言的准确性与丰富性。

在辅助语篇知识教学方面，教师介绍了Labov（1972）叙事分析模式，Labov（1972：363）提出的叙事分析模式认为，一个完整的叙事通常包括六个部分：点题（abstract）、定位（orientation）、进展（complicating action）、评议（evaluation）、结果或结局（result or resolution）、回应（coda）。点题是叙事者在叙述故事之前对故事大意的简要概括。定位是叙事者对时间、地点、人物以及背景等外部因素的描述，等同于记叙文六要素中的when、where、who。进展是故事本身的发生和事态的发展，分析探讨该部分内容，学生能够理解本故事的核心部分以时间和空间顺序发展，脉络清晰。评议是叙事者或故事中人物对事件的看法、态度和心理，包含对故事起因、故事要点、叙述故事的目的的评议。评议渗透在故事结构中，增强了故事的感染力，有助于读者形成对人物和事件的看法。结果或结局指事件的结束，包含人物的下场、目的的实现或失败。回应是对故事的主题进行点明或升华，使人们对主题有更深的理解和思考。然后，教师使用AntConc 3.5.9 打开文件tagged_The cab ride I'll never forget.txt，在检索栏键入EVL，展现本研究语料库中标注的评议部分，辅助学生理解感知评议的内容及作用。

在辅助语篇知识教学方面，教师还进行了语篇衔接手段方面的教学。语篇的组织手段可以分为：（1）普通组织手段，如时间顺序、重要性顺序等。（2）过渡手段，包括过渡词（附加信号、时间信号、空间信号、转折/换方向信号、举例信号、总结信号等）、连接副词和过渡短语。（3）过渡句（指连接段落以使其过渡顺畅的句子）。（4）其他连接词，包括重复、代词、同义词等。（Langan, 2014: 83-88）教师将以上语篇衔接手段归纳为时间或空间过渡信号、逻辑信号和过渡句，在语料库中已用TRS标注（重复、代词和同义词等暂时不标注）。教师借鉴Langan设计的记叙文核对单（Langan, 2014: 216），在学生续写自评检查表中设计了“连贯性自查”项目，让学生问问自己“Have I used transitional words and phrases, and linking sentences between paragraphs to help make the sequence of events clear?”，促使学生逐步养成在写作时有意识地构思衔接手段的习惯，使其叙事更有逻辑性和连贯性。

在语料库辅助语言知识教学方面，教师利用标注的修辞手段、各类动词等展开教学，例如让学生说出下面句子的修辞手段：It was a cowboy's life, a gambler's life<FOS>, a life for someone who wanted no boss, constant movement and the thrill of a dice roll<FOS>

every time a new passenger got into the cab.

教师还根据实际教学需求进行进一步个性化的标注，如在修辞（FOS）的大类下再标注出明喻（SIM）、暗喻（MET）、排比（PRL）等；在多样句式（PTN）的大类下再标注出倒装（INV）、虚拟（SBJ）、独立主格（ABC）等。例如，本课例的教学对象在高一、高二时对定语从句、名词性从句等句式掌握情况较好，因此本课例原没有标注此类从句的句式，但教师在教学中注意到语篇“The cab ride I'll never forget”中有比较丰富的定语从句句式，于是标注出定语从句（ATT）用以辅助学生对该句式的复习。

（二）理论分析

在语料库与课堂教学相结合的时候，教师要考虑以下几个变量：（1）在进行语言知识教学时部分使用语料库，在学生语言输出后纠正问题时使用语料库；（2）学生在电脑上操作，教师在讲台上演示，教师印刷出纸质版；（3）通用语料库、教材语料库的使用、学习者语料库的使用；（4）教师有各个环节的教学设计，包括学生间讨论和汇报等活动。

第一个变量涉及动机问题，如果是在学生输出后，教师发现问题，有的放矢地使用语料库辅助写作教学，那么语料库就会很好地促进学生的学习。本课例应该是在教师发现学生写作中的问题之后开展的教学活动。另外，高考读后续写的文体是记叙文，学生对其有足够的学习动机。

第二个变量涉及影响教学效果的一个重要因素。如果让学生自己操作，需要对其进行培训，尽管长远看来这可能培养了学生的自主学习能力，但短期看这有些浪费时间，得不偿失。教师可以在电脑上操作演示给学生看，但学生难以保存材料，最好的方式是印刷出来供学生使用，学生可以拿着打印好的材料一起讨论，这样一来教学效果会更好。

第三个变量涉及难度。如果使用通用语料库，则难度太大，不太适合。教材语料库或学习者语料库必须难度适中，适合教学实践。本课例中，教师使用的自建语料库控制了难度，另外，教师提前阅读了整部小说，可以更好地帮助学生理解修辞和动词等语言的微妙之处，这个教学步骤与本单元介绍的自上而下理论非常契合。

第四个变量在第三个变量中已有涉及，即教学设计因素，除了让学生在自下而上地学习具体语言知识之前通读全文外，教师如果能设计出讨论和汇报环节，则更能促进学生目标语言的习得。

五、能力拓展训练

（一）搜索并总结want的用法

常用词want有很多用法，教师可以使用教材语料库，为学生选择语例进行分析：

第一步：将自建的教材语料库中导入AntConc，检索want，存为微本。

第二步：再次使用AntConc，在保存的微本中检索want，观察其用法，删除用法重复的句子。

第三步：截图后打印成纸质版，以供课堂使用。

（二）展示文章中的惯用语

在理解一篇文章后，教师要让学生聚焦形式，找到惯用语、搭配或程式化表达，可以遵循以下步骤：

第一步：教师向学生解释惯用语、搭配或程式化语言的概念。

第二步：教师请学生画出惯用语、搭配或程式化语言，然后分组讨论。

第三步：如图8-24所示，教师将文章粘贴到IDIOM Search网站（http://idiomsearch.lsti.ucl.ac.be），点击Start search，得到搜索结果（见图8-25），将搜索结果和各个小组画出的相应惯用语、搭配或程式化语言作对比。

第四步：选择惯用语、搭配或程式化语言来完成填空、口语或写作任务。

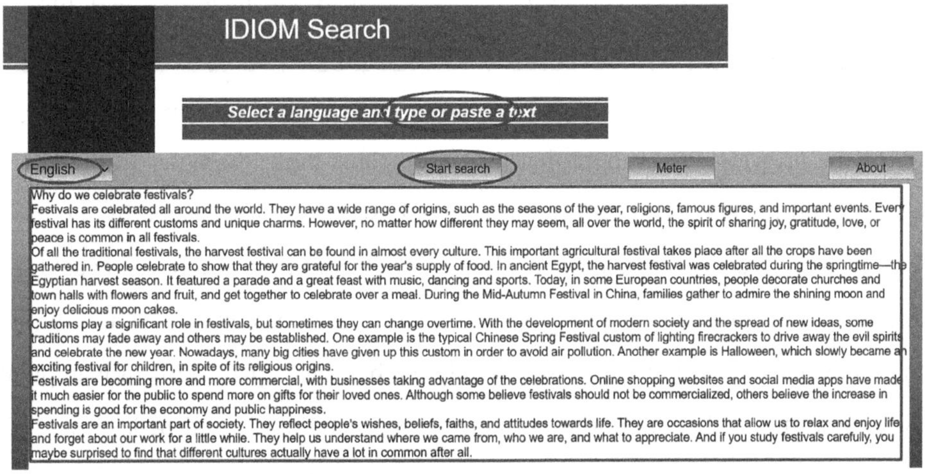

图8-24　粘贴文章至IDIOM Search

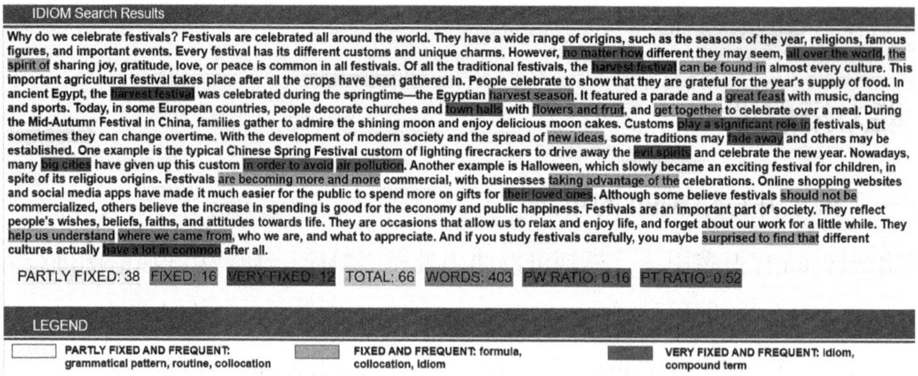

图 8-25 IDIOM Search 搜索结果

六、研究能力培养

（一）职前教师语料库辅助英语教学课程的有效性研究

读下面的摘要，注意画线部分。

Training teachers in data-driven learning: Tackling the challenge

Agnieszka Leńko-Szymańska

The aim of this article is to assess the effectiveness of a semester-long pre-service teacher-training course on the use of corpora in language learning and teaching. This is achieved by an analysis of 53 corpus-based projects prepared by the participants. First, the aims and the design of the course are briefly presented. The main section of the article examines the trainees' projects, which involved compiling small English for specific purposes corpora, analyzing them and preparing corpus-based lessons. Specifically, the topics of the projects, the corpora that the participants built, the types of the analyses conducted, and the corpus-informed and corpus-based activities created by the trainees are examined both quantitatively and qualitatively. The projects' outcomes reveal that the competencies developed by the pre-service teachers during the course were not sufficient. The participants seemed to have mastered only the basic technical skills of manipulating corpora, and they lacked autonomy in corpus-linguistic skills and pedagogical skills which were necessary for successful exploitations of corpora in language education. This observation—supported by earlier research—calls for the development and empirical validation of a model of effective teacher training in corpus-informed and corpus-based instruction.

Leńko-Szymańska, A. Training teachers in data-driven learning: Tackling the challenge. *Language Learning & Technology*, 2017, 21(3): 217-241.

◎思考：

(1) What is the significance of the project including compiling small corpora, analyzing them and preparing corpus-based lessons?

(2) How are the corpus-based lessons analyzed?

(3) Why are the competences insufficient even after the training?

（二）线上协作的语料库辅助英语教学：两步培训模式

读下面的摘要，注意画线部分。

The development of corpus-based language pedagogy for TESOL teachers: A two-step training approach facilitated by online collaboration

Qing Ma, Jinlan Tang, Shanru Lin

Despite the growing popularity of corpus linguistics among researchers in recent decades, a corpus-based approach remains largely unknown to most teachers in primary and secondary schools. Drawing on Shulman's concept of pedagogical content knowledge, this study differentiated between two key terms—corpus literacy and corpus-based language pedagogy—and investigated how a group of TESOL teacher trainees developed their corpus literacy and corpus-based language pedagogy in a two-step training scheme. The first step, focusing on using corpus data as a learning tool, was conducted in a physical classroom; the second step, focusing on using corpus data as a teaching tool, took place in a virtual online classroom. A mixed methods design, including surveys, interviews and analyses of lesson plans, was used to collect and analyze the data. The findings revealed that most participants gained a good level of corpus literacy as measured by the self-designed survey. They also obtained a good level of initial competence in using corpus-based language pedagogy, as revealed by the rating of their lesson design and the content analyses of the lessons and interview data.

The results support a differentiation between corpus literacy and corpus-based language pedagogy, attesting to the effectiveness of the two-step corpus-based teacher training. The study provides several insights regarding how to scaffold teachers in corpus-based training and teach students with corpus resources to address their vocabulary needs and difficulties. Finally, a few issues are raised regarding what teachers may consider when implementing effective corpus-based teaching in school settings.

Ma, Q., Tang, J. & Lin, S. The development of corpus-based language pedagogy for TESOL teachers: A two-step training approach facilitated by online collaboration. *Computer Assisted Language Learning*, 2021, 35(4): 1-30.

◎思考：

(1) Discuss with your partner about the differences between corpus literacy and corpus-based language pedagogy.

(2) What are the evidences supporting the conclusion that the trainees gained a good level of corpus literacy initial competence in using corpus-based language pedagogy?

(3) Compare the findings of the two studies by Leńko-Szymańska and Ma et al. Why do they draw different conclusions?

参考文献

何安平. 语料库辅助英语教学入门. 北京：外语教学与研究出版社，2017.

梁茂成. 什么是语料库语言学?. 上海：上海外语教育出版社，2016.

Carter，R. & McCarthy, M. J. Grammar and the spoken language. *Applied Linguistics*, 1995, 16(2): 141-158.

Flowerdew, L. Applying corpus linguistics to pedagogy: A critical evaluation. *International Journal of Corpus Linguistics*, 2009, 14(3): 393-417.

Kennedy, C. & Miceli, T. An evaluation of intermediate students' approaches to corpus investigation. *Language Learning and Technology*, 2001, 5(3): 77-90.

Labov, W. *Language in the Inner City: Studies in the Black English Vernacular*. Philadelphia: University of Pennsylvania Press, 1972.

Langan, J. *College Writing Skills with Readings*. 9th ed. Beijing: Foreign Language Teaching and Research Press, 2014.

Leńko-Szymańska, A. Training teachers in data-driven learning: Tackling the challenge. *Language Learning & Technology*, 2017, 21(3): 217-241.

Ma, Q., Tang, J. & Lin, S. The development of corpus-based language pedagogy for TESOL teachers: A two-step training approach facilitated by online collaboration. *Computer Assisted Language Learning*, 2021, 35(4): 1-30.

Thornbury, S. What can a corpus tell us about discourse. In O'Keeffe, A. & McCarthy, M. (eds.). *The Routledge Handbook of Corpus Linguistics*. London: Routledge, 2010: 270-287.